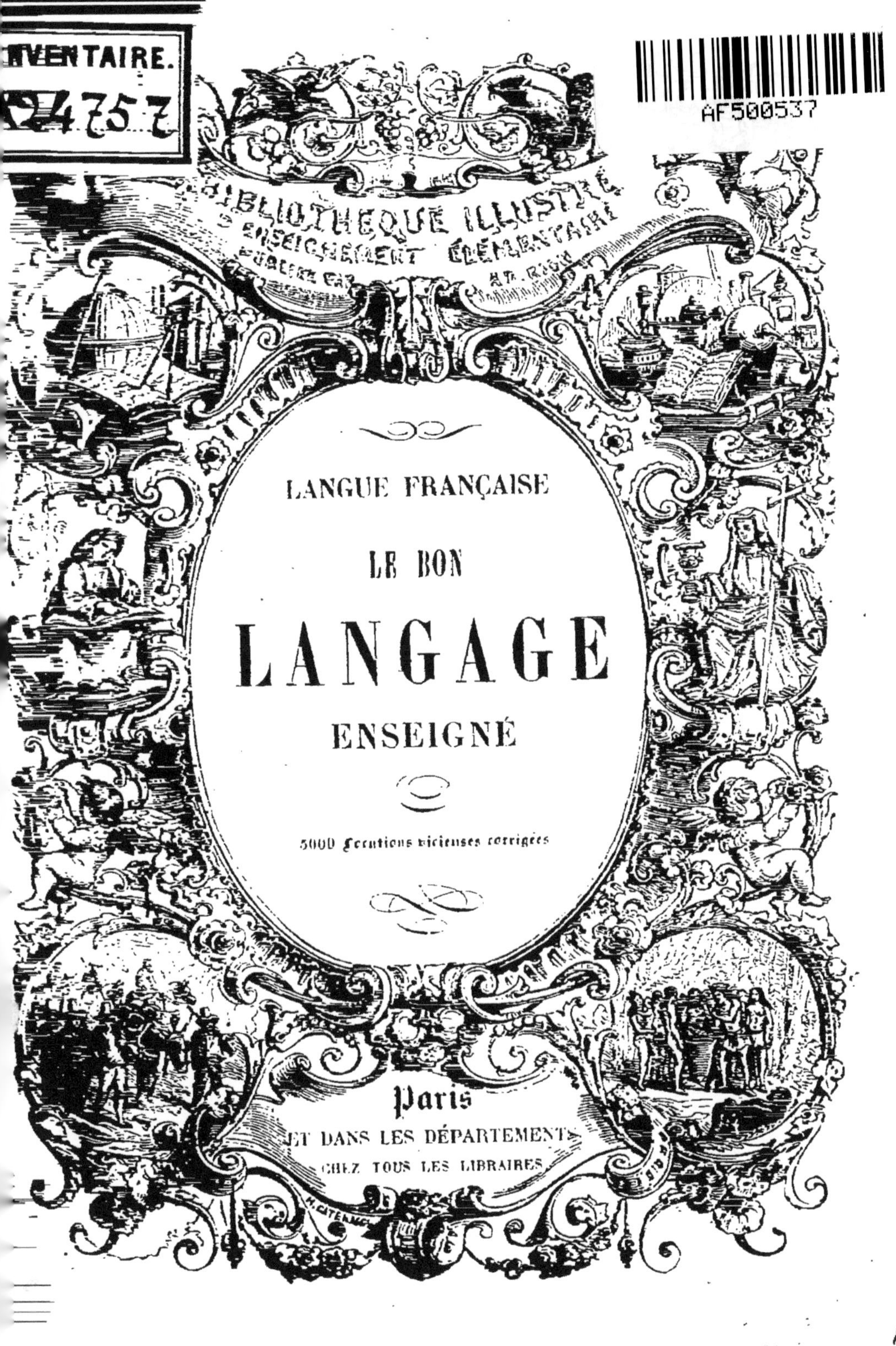
BIBLIOTHÈQUE ILLUSTRÉE
D'ENSEIGNEMENT ÉLÉMENTAIRE
LANGUE FRANÇAISE
LE BON
LANGAGE
ENSEIGNÉ
5000 locutions vicieuses corrigées
Paris
ET DANS LES DÉPARTEMENTS
CHEZ TOUS LES LIBRAIRES

LE MAUVAIS LANGAGE
CORRIGÉ ;

LE BON LANGAGE
ENSEIGNÉ ;

2,000 LOCUTIONS VICIEUSES
CORRIGÉES.

LES DITES ET NE DITES PAS

PAR

ÉLIÇAGARAY.

Huitième édition publiée par

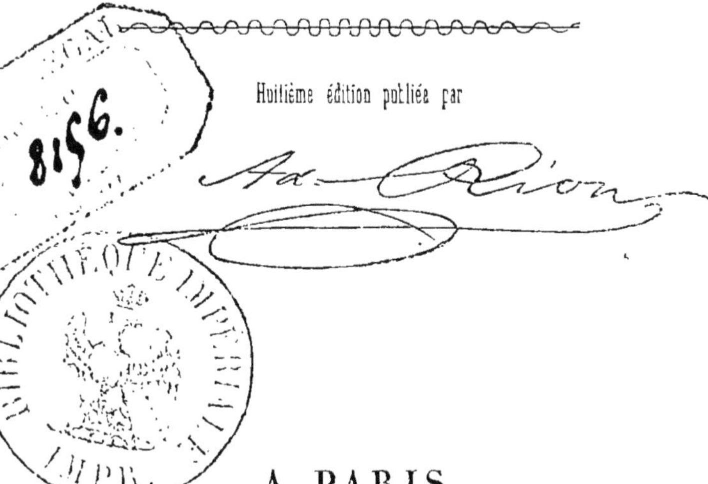

A PARIS,

ET DANS LES DÉPARTEMENTS
CHEZ TOUS LES LIBRAIRES.

—

1853

Une phrase
est française quand
elle exprime correctement
ce qu'elle veut dire. Elle est
correcte quand les mots qui la com-
posent concourent chacun, par son sens
particulier, au sens général. Se rendre bien compte
de la chose que l'on veut désigner ou de l'ac-
tion que l'on veut dépeindre; n'employer
que des mots dont le sens soit ap-
proprié à la pensée générale,
telle est la règle du
Bon Langage.

LE

MAUVAIS LANGAGE

CORRIGÉ.

1	2	3	4
A	**Ne dites pas** *ou n'écrivez pas*	**Dites** *ou écrivez*	OBSERVAT.
A	Faire un voyage *de* pied,	Faire un voyage *à* pied.	
	Ce fruit est bon *pour* manger,	Ce fruit est bon *à* manger.	
	Sauter, se jeter *en* bas d'un cheval,	Sauter, se jeter *à* bas d'un cheval.	
	Aimer à lire, copier,	Aimer à lire et *à* copier.	
Abortif-ive	Substance a*vor*tive,	Substance a*bor*tive.	
Abri	A *couvert* de la pluie,	A *l'abri* de la pluie.	
Abside	L'abside de cette église est *ogival,*	L'abside de cette église est *ogiva*le.	
Acabit	Ces fruits sont d'*une bonne* acabit,	Ces fruits sont *d'un bon* acabit.	
Accablé	Il m'a *agonisé* de sottises,	Il m'a *accablé* de sottises.	*Agoniser* veut dire être à l'agonie, à son dernier moment.
Accroire	Il veut m'en faire *croire*,	Il veut m'en faire ac*croire*.	
Acrostiche	*Une* acrostiche,	*Un* acrostiche.	

[1] Combler les lacunes et retrancher plusieurs erreurs des vocabulaires qui ont précédé le nôtre, tel est le but que nous nous sommes proposé. Sans doute nous ne prétendons pas avoir donné la liste de toutes les expressions incorrectes en usage : citer toutes les fautes de langage dues au manque d'instruction ou qui échappent à l'inadvertance serait chose impossible; mais nous avons tâché de réunir les mauvaises locutions *les plus usitées*, en passant néanmoins sous silence quelques manières de parler trop triviales pour être relevées. Tel qu'il est, ce livre de corrections du mauvais langage est le plus complet qui ait paru jusqu'à ce jour.

Afin de l'abréger, on a évité de répéter à chaque phrase les mots *dites*; *ne dites pas ; écrivez* ou *n'écrivez pas* ; on s'est borné à les placer en tête de chaque page.

5	6	7	8
A	**Ne dites pas**	**Dites**	OBSERVAT.
Acte	*Une* acte,	*Un* acte.	
Adhérent	Les branches sont *attachées* au tronc,	Les branches sont *adhérentes* au tronc.	On emploie *adhérent* quand il s'agit de parties homogènes, les branches et le tronc. On se sert du mot *attaché* pour la liaison de deux objets de natures différentes ou lorsqu'il y a solution de continuité. Ainsi on dit les voiles sont attachées au mât, et deux feuilles de papier sont attachées ensemble.
Aéré	Une maison bien *airée*,	Une maison bien *aérée*.	
Aéronaute, Aérostat	Le ballon de l'*aréonaute* Green est un magnifique *aréostat*,	Le ballon de l'*aéronaute* Green est un magnifique *aérostat*.	
Affaire	Vous avez *à faire* à moi,	Vous avez *affaire* à moi.	
Afféterie	Elle a des manières pleines d'*affectation*,	Elle a des manières pleines *d'afféterie*.	
Affilé	Ce couteau a le tranchant bien *effilé*,	Ce couteau a le tranchant bien *affilé*.	
Age	A *nos âges* on ne joue plus,	A *notre âge*, etc.	Chaque personne n'a qu'un âge.
Agé	Cet enfant est plus *vieux* que son frère,	Cet enfant est plus *âgé* que son frère.	On ne peut pas dire d'un enfant qu'il est *vieux*.
Agencer	*An*gencez-moi cela,	Agencez-moi cela.	
Agir	Vous *en avez* mal *agi* envers moi,	Vous *avez* mal *agi*, vous *en* avez *mal usé*...	
Aïeuls, Aïeux	Son grand-père et sa grand'mère sont deux bons *aïeux*,	Son grand-père et sa grand'mère sont deux bons *aïeuls*.	A partir de ce degré on se sert des mots *aïeux* ou *ancêtres*.
Aigle	*Une* aigle (oiseau),	*Un* aigle (oiseau).	*Aigle* est féminin dans le sens d'enseignes, d'armoiries, *l'aigle romaine, l'aigle impériale;* ou quand il signifie une constellation.
Aiguiser	*Réguiser* un canif,	*Aiguiser* un canif.	
Aileron	*Une* aileron,	*Un* aileron.	
Ail	Des ails,	Des *aulx*.	
Ailleurs	*Allieurs*,	*Ailleurs*.	
Aimant	Cet aimant est *bonne*.	Cet aimant est *bon*.	
Ainsi	*Ainsi donc* elle partira,	*Ainsi* elle partira; *donc* elle partira.	

9	10	11	12
A	**Ne dites pas**	**Dites**	OBSERVAT.
Air	Ces fruits ont *l'air mûr*,	Ces fruits ont *l'air d'être mûrs*, ces fruits *paraissent mûrs*.	Ce n'est pas l'air qui peut être *mûr*, ce sont les fruits.
	Avoir l'air minable, rébarbaratif,	.....*misérable*, *rébarbatif*.	
	Cette femme a l'air *provinciale* (pour habitante de la province),	Cette femme a l'air d'être une *provinciale*.	On dirait d'une femme de la ville paraissant être de la province : *elle a l'air provincial*.
	Mademoiselle, vous avez l'air *rêveuse*,	Mademoiselle, vous avez l'air *rêveur*.	
Alcôve	*Un* alcôve,	*Une* alcôve.	
Alibi	Les accusés ont prouvé des *alibis*,	Les accusés ont prouvé des *alibi* (sans *s*)	*Alibi* est invariable comme : des *alinéa*, des *ave*, des *auto-da-fé*, des *alleluia* des *fac-simile*, des *quiproquo*, des *aparté*, des *vivat*, etc.
Allégir	Le menuisier vient d'allé*ger* cette poutre,	Le menuisier vient d'allé*gir* cette poutre.	
Alléguer, citer	Je vous *cite* des faits, des raisons, — Moi, je vous *allègue* des auteurs,	Je vous *allègue* des faits, des raisons. — Moi, je vous *cite* des auteurs.	
Aller	Je *me* suis *en* allé,	Je *m'en* suis allé.	
	J'ai, nous avons plusieurs endroits *à aller*,	*Je dois, nous devons aller* dans plusieurs endroits.	
	Je suis allé hier lui rendre visite,	*J'ai été* hier lui rendre visite.	Toutes les fois qu'on suppose le retour d'un lieu, on dit : *j'ai* ou *il a été*; et dans le cas contraire : *je suis* ou *il est allé*.
	Cette jeune fille vient de sortir ; elle *a été* à l'église,	.... elle *est allée* à l'église.	
Allumer	Allumer *de la lumière*,	Allumer la lampe, la bougie, la chandelle.	
Alluvion	*Tous* les alluvions qu'a laissé*s* le Nil,	*Toutes* les alluvions qu'a laiss*ées* le Nil.	
Alvéole	Les gluan*tes* alvéoles des abeilles,	Les gluan*ts* alvéoles des abeilles.	
Amadou	*De la bonne* amadou,	*De bon* amadou.	

A	Ne dites pas	Dites	OBSERVAT.
Amalgame	*Une* amalgame.	*Un* amalgame.	
Ambe	*Une* ambe.	*Un* ambe.	
Améthyste	La belle *amé*tisse,	La belle *amé*thyste.	Pierre violette.
Amnistie, armistice			Il ne faut pas confondre *amnistie* avec *armistice*. Le premier de ces mots signifie pardon général accordé par un souverain; *armistice* se dit d'une suspension d'armes.
Anagramme	*Un* anagramme,	*Une* anagramme.	
Angora	Un chat *angola*,	Un chat *angora*.	
Anis	*Cette* anis est *bonne*,	*Cet* anis est *bon*.	
Annexe	*Un* annexe,	*Une* annexe.	
Anniversaire	*Une* anniversaire,	*Un* anniversaire.	
Anoblir, ennoblir	Le roi l'a *ennobli*; ses belles actions l'ont *anobli*,	Le roi l'a *anobli*; ses belles actions l'ont *ennobli*.	
Antichambre	*Un* antichambre,	*Une* antichambre.	
Antidote	*Une* antidote,	*Un* antidote.	
Apaiser, calmer	Le vent s'est *calmé*, la mer s'*apaise*,	Le vent s'est *apaisé*, la mer se *calme*.	
Apologue	*Une* apologue,	*Un* apologue.	
Apparaître, paraître.	Dieu *parut* à Moïse,	Dieu *apparut* à Moïse.	
	Il *apparut* une comète,	Il *parut* une comète.	
Appeau	Un *appel* (lorsqu'il s'agit d'un sifflet),	Un *appeau*.	*Appel* s'emploie en législation.
Appeler	*Rappeler* d'un jugement,	*Appeler* d'un jugement.	
Apprivoisé	Mon tigre est *privé*,	Mon tigre est *apprivoisé*.	*Privés* se dit des animaux domestiques.
Appui-main	Tous les peintres ont des appui*e-mains*,	Tous les peintres ont des *appui-main*.	
Après	*Par après*,	*Après*. *Ensuite*.	
Arabesques	De déli*cieux* arabesques,	De déli*cieuses* arabesques.	
Arc	*Une arche* de triomphe,	*Un arc* de triomphe.	Mais on dit: L'arche d'un pont, l'arche

A	Ne dites pas	Dites	OBSERVAT.
Archal	Fil d'*aréchal*,	Fil d'*archal*.	de Noé, l'arche d'alliance.
Argile	*Cet* argile est bien pétri,	*Cette* argile est bien pétrie.	
Armoire	*Un* ormoire,	*Une* armoire.	
Armure	J'ai *pris* mon armure,	J'ai *revêtu* mon armure.	Mais on *prend* ses armes.
Arranger	Je *range* ma bibliothèque,	J'*arrange* ma bibliothèque.	Mais on *range* un gilet, une cravate, un verre, etc.
Arrérages	*Arriérages*,	*Arrérages*.	
Arrêté	L'*arrêt* d'un préfet,	L'*arrêté* d'un préfet.	Les tribunaux seuls rendent des *arrêts*.
Arrhes	De *bons* arrhes,	De *bonnes* arrhes.	
Arrière	En *errière*,	En *arrière*.	
Arrosoir	*Une* arrosoir,	*Un* arrosoir.	
Artère	Une *altère*,	Une *artère*.	
Artichaut	Des artichau*x*,	Des artichau*ts*.	
Assaillir	Ils m'*assaillissent*,	Ils m'*assaillent*.	
Asseoir (s')	*Mettez-vous*, *soyez assis*, *assis*-toi,	*Asseyez-vous*, as*sieds*-toi.	
Assez	Il a *de la fortune assez*,	Il a *assez de fortune*.	
Astérisque	*Une* astérique,	*Un* astérisque.	
Atmosphère	*Un* atmosphère,	*Une* atmosphère.	
Atout	*Une* atout,	*Un* atout.	
Atteindre	Vous n'atteindrez jamais *la* perfection,	Vous n'atteindrez jamais *à la* perfection.	Verbe neutre au figuré, et verbe actif au propre.
	Il *remplira* ce but,	Il *atteindra* ce but.	
Attendre (s')	Elles s'étaient atten*du* à son retour,	Elles s'étaient atten*dues* à son retour.	
Aucun-une	D'aucu*nes* maniè*res*,	D'aucu*ne* maniè*re*.	*Aucun*, *aucune*, ne se met au pluriel qu'avec les substantifs qui n'ont pas de singulier, com-
Aujourd'hui	*Le jour d'aujourd'hui*,	*Aujourd'hui*.	
Aussi	Mon frère est tombé, et moi *avec*,	Mon frère est tombé, et moi *aussi*.	
	J'irai *tout de même*.	J'irai *aussi*.	

A	Ne dites pas	Dites	OBSERVAT.
Aussitôt	Je vous écrirai *de suite* que j'aurai reçu des nouvelles,	Je vous écrirai *aussitôt* que, etc.	me *relevailles*, *funérailles*.
	Aussitôt son dîner,	*Aussitôt après* son dîner.	
Au, A la	J'ai froid *à mes* pieds	J'ai froid *aux* pieds.	
	J'ai mal *à ma* tête,	J'ai mal *à la* tête.	
Autel	*Une* autel,	*Un* autel.	
Automne	*Une belle* automne,	*Un bel* automne.	
	Un automne *froid*,	*Une* automne *froide*.	*Automne* est mascul. quand l'adjectif précède, féminin quand il suit.
Autre, autrement	Il est tout autre que *je* pensais; il parle autrement qu'il *agit*,	Il est tout autre que *je ne* pensais; il parle autrement qu'il *n'agit*.	
Aval	Des *avaux*.	Des *avals*.	On dit aussi: des *bals*, des *cals* des *cantals* (fromages), des *nopals*, des *chacals*, des *servals*, etc.
Avalanche	*Un* avalanche,	*Une* avalanche.	
Avant	Déjeunez *auparavant que de* sortir; apprenez *devant de* juger; il est arrivé *devant* moi,	Déjeunez *avant de* sortir; apprenez *avant de* juger; il est arrivé *avant* moi.	
Avant que	Avant *qu'il ne* parte,	Avant *qu'il* parte.	*Avant que* et *sans que* ne doivent jamais être suivis d'une négation.
Avant-scène	*Un* avant-scène,	*Une* avant-scène.	
Avoir	*Jouir d'une* mauvaise réputation, *d'une* mauvaise santé,	*Avoir une* mauvaise réputation, *avoir une* mauvaise santé.	*Jouir* se prend toujours en bonne part.
Axe	*La grande* axe de la terre,	*Le grand* axe de la terre.	
B			
Baigner	Je vais *baigner*,	Je vais *me baigner*.	
Bailleresse	Elle est ma *bailleuse* de fonds,	Elle est ma *bailleresse* de fonds.	On dit aussi : *venderesse*, *pécheresse*, (qui commet des péchés), *chasseresse*, *vengeresse*.
Baisser	Je me suis *abaissé* pour ramasser mon livre,	Je me suis *baissé*, etc.	

B	Ne dites pas	Dites	OBSERVAT.
Balai, Balais	La pie a reçu un coup de *balais;* elle avait volé un rubis *balai,*	La pie a reçu un coup de *balai;* elle avait volé un rubis *balais.*	
Balsamine	Cette *bel*samine,	Cette *bal*samine.	
Balustre	*Une* balustre,	*Un* balustre.	
Ban	Ce forçat a rompu son *banc.* Nous pouvons nous marier samedi, tous nos *bancs* sont publiés. Le tambour bat un *banc,*	Ce forçat a rompu son *ban.* Nous pouvons nous marier samedi, tous nos *bans* sont publiés. Le tambour bat un *ban.*	
Barbarisme	Il cou*sut,*	Il cou*sit.*	
Bassesse	Quel *abaissement* de style !	Quelle *bassesse* de style !	
Bastonnade	*Bâtonnade,*	*Bastonnade.*	
Baux	Nous ferons deux *bails* pour cette maison et cette ferme,	Nous ferons deux *baux* pour cette maison et cette ferme.	
Bayer	*Bailler* aux corneilles	*Bayer* aux corneilles	
Beaucoup	Il s'en faut *de beaucoup* que vous soyez bon,	Il s'en faut *beaucoup* que vous soyez bon.	(Différence.)
	Il s'en faut *beaucoup* que vous m'ayez payé,	Il s'en faut *de beaucoup* que vous m'ayez payé.	(Quantité.)
Bénit	C'est madame la présidente qui rend dimanche le pain *béni* et qui recevra l'eau *bénie,*	C'est madame la présidente qui rend dimanche le pain *bénit* et qui recevra l'eau *bénite.*	En matière de culte on dit *bénit* et *bénite*; en toute autre acception, on dit *béni* et *bénie.*
	C'est par l'archevêque lui-même que les drapeaux ont été *bénis,*	C'est par l'archevêque lui-même que les drapeaux ont été *bénits.*	

B	Ne dites pas	Dites	OBSERVAT.
Bien faire	Elle a cru *de* bien faire	Elle a cru bien faire.	
Bientôt	Je reviendrai *d'abord*,	Je reviendrai *bientôt, sur-le-champ, à l'instant*.	*D'abord* signifie premièrement.
Bijoux	Les *joyaux* de cette dame,	Les *bijoux* de cette dame.	Mais on dit : les *joyaux* de la couronne.
Bilieux	Je suis d'un tempérament *bileux*,	Je suis d'un tempérament *bilieux*.	
Bonté	*Si c'était un effet de votre bonté* de me rendre ce service,	*Ayez la bonté* de me rendre ce service.	
Bosseler, bossuer	*Bosseler* la cafetière,	*Bossuer* la cafetière.	*Bosseler*, c'est travailler en bosse.
Bouger	*Bougez-vous*,	*Otez-vous, retirez-vous*.	
Bouilli-ie	Un morceau de *bouli*, de la *boulie*,	Un morceau de *bouilli*, de la *bouillie*.	
Bouillir	L'eau *bouillit*,	L'eau *bout*.	*Bouillit* ne peut se dire qu'au prétérit défini.
Bouilloire	Une *bouloire*,	Une *bouilloire*.	
Bras	Prendre quelqu'un *à brasse-corps*,	Prendre quelqu'un *à bras-le-corps*.	
Brave	Brave *comme tout*,	Brave *autant qu'on peut l'être*.	
Brin	Brin *par* brin,	Brin *à* brin.	
Brouillamini	*Embrouillamini*,	*Brouillamini*.	
Brugnon	Un *brignon*,	Un *brugnon*.	Fruit qui ressemble à la pêche.
Bruiner	Il *brouillasse*,	Il *bruine*.	
But	*Remplir* un but,	*Atteindre* un but.	

C			
Cacheter	Je *cachte* une lettre,	Je *cachète* une lettre.	
Cacophonie	*Cacaphonie*,	*Cacophonie*.	
Cahot	*Cahotement*,	*Cahot*.	
Caleçon	Donne-moi mon *caneçon*,	Donne-moi mon *caleçon*.	

C	Ne dites pas	Dites	OBSERVAT.
Calville	*Calvi* (pomme de),	*Calville* (pomme de)	
Cambouis	Vos habits sont couverts de cam*buis*,	Vos habits sont couverts de cam*bouis*.	
Campagne	Beaucoup de personnes vont *en campagne* dans la belle saison,	Beaucoup de personnes vont *à la campagne*, etc.	
Campanille (un), Campanille (une) (termes d'architecture).			Un campanille désigne un clocher ou petite tour. Une campanille désigne un petit dôme.
Campanule	*Un* campanule,	*Une* campanule.	Campanule (la) est une plante.
Capable	C'est un homme *susceptible* de nous nuire.	C'est un homme *capable* de nous nuire. (V. *Susceptible*.)	
Capuce	*Capuche*,	*Capuce*.	Sorte de capuchon.
Carambolage	J'ai fait *un carambole*,	J'ai fait *un carambolage*.	
Caramel	*Une* caramel,	*Un* caramel.	
Carnavals	Des carnavaux,	Des carna*vals*.	
Carnivore	Est-il *carnassier*, cet être-là,	Est-il *carnivore* cet homme-là.	*Carnassier* se dit de l'hyène, du lion, du tigre, du chacal, etc.
Cas	*En cas* que notre ambassadeur obtienne la préséance,	*Au cas* que notre ambassadeur obtienne la préséance	Ou bien : Dans le cas où notre ambassadeur obtiendrait la préséance.
Casse-noisettes, casse-noix	*Croque-noisettes*, *croque-noix*,	*Casse-noisettes*, *casse-noix*.	
Cause (A)	Je suis son ennemi *par rapport* ou *rapport à* vous,	Je suis son ennemi *à cause de* vous.	
Causer	Causer *à* quelqu'un,	Causer *avec* quelqu'un.	
Causerie	*Causette*,	*Causerie*.	
Célibataire	Un vieux *jeune homme*,	Un vieux *célibataire*.	Un *jeune* homme ne peut pas être *vieux*.

C	Ne dites pas	Dites	OBSERVAT.
Celui, celle, ceux, etc.	*Ceux parus* jusqu'à ce jour (ouvrages),	*Ceux qui ont paru* jusqu'à ce jour.	
Centime	*Une* centime,	*Un* centime.	
Cérébral-le	Fièvre *célébrale*,	Fièvre *cérébrale*.	
Certainement	Je viendrai *pour sûr* dimanche prochain	Je viendrai *certainement*, etc.	
Cesser	Il ne *décesse* de parler,	Il ne *cesse*, il ne *discontinue pas*...	
C'est pourquoi	C'est *pourquoi que*,	C'est *pourquoi*.	
Chacun	Ces livres coûtent dix francs *chaque*,	Ces livres coûtent dix francs *chacun*.	*Chaque* doit toujours être suivi d'un nom: *chaque* homme, *chaque* volume, etc.
	Un chacun veut parler,	*Chacun* veut parler.	
Chancit	Cette marmelade *moisit*,	Cette marmelade *chancit*.	Rien ne *moisit*, mais tout *est moisi* lorsque la corruption est entière.
Changer	Il faut *nous changer*,	Il faut *nous changer de vêtements*.	
	Le Sauveur changea l'eau *au* vin,	Le Sauveur changea l'eau *en* vin.	
Chaos	On ne s'y reconnaît plus, c'est un véritable *cahot* ou *cahos*,	On ne s'y reconnaît plus, c'est un véritable *chaos*.	
Charcutier	Le *chaircuitier*,	Le *charcutier*.	
Chardonneret	Le ramage du *chardonnet*,	Le ramage du *chardonneret*.	
Chemin de fer	Je suis venu *avec* ou *par la vapeur*,	Je suis venu *par le chemin de fer*.	
Cher	Cette étoffe coûte *chère*,	Cette étoffe coûte *cher*.	*Cher* est employé ici adverbialement, et par conséquent est invariable. On dit également d'une fleur qu'elle sent *bon* et non *bonne*.
Chercher	*Aller voir après* quelqu'un,	*Chercher* quelqu'un.	
	Faites-le chercher,	*Envoyez-le* chercher.	
Chevau-légers	Il était du régiment des che*vaux*-légers,	Il était du régiment des che*vau*-légers.	

41	42	43	44
C	**Ne dites pas**	**Dites**	OBSERVAT.
Chez	Il vaut mieux aller *au boulanger* qu'*au* médecin,	...*chez* le boulanger que *chez* le médecin.	
Chimères, illusions			On rêve une chimère quand on espère ce qui n'existe pas ou ce qui est impossible; on est abusé par une illusion quand on croit les choses autrement qu'elles ne sont.
Chipotier	*Chipoteur, chipoteuse,*	*Chipotier, chipotière.*	
Chirurgie, Chirurgien	*Chirugie, chirugien, cirugien,*	*Chirurgie, chirurgien.*	
Chose	Voyez-vous *quelque chose* de permanente	...,. quelque chose de permanent.	*Chose* est féminin; *quelque chose* est masculin, excepté dans le sens de quelle que soit la chose.
Chrétienté	*Chrétienneté,*	*Chrétienté.*	
Ci	Cette année *ici,* cette maison *ici,*	Cette année-*ci*, cette maison-*ci*.	
Ciel, ciels	Dieu est dans le *Paradis,*	Dieu est au *Ciel*.	Le *Paradis* n'est qu'une partie du *ciel*.
	Cieux de lit, de tapisserie, de tableaux, de carrière,	*Ciels* de lit, de tapisserie, de tableaux, de carrière	
Ciseaux	Couper une étoffe avec *un ciseau,*	Couper une étoffe avec *des ciseaux*.	Le *ciseau* travaille le bois, le fer, la pierre, etc.
Clef	Tu as laissé la clef *après* la porte,	Tu as laissé la clef ou la clé *à* la porte.	
Cloche-pied	A *croche-pied,*	A *cloche-pied*.	
Cloporte	*Une cloche-porte,*	*Un cloporte*.	
Clouer, clouter			*Clouer*, c'est attacher avec des clous; *clouter*, c'est garnir de clous.
Clystère	Un *crystère*.	Un *clystère*.	
Coasser	La grenouille *croasse*	La grenouille *coasse*.	
Colérique	C'est un homme fort *coléreux,*	C'est un homme qui a l'humeur *colérique*	On dit aussi : c'est un homme *colère*.
Collet	Le *col* d'un habit,	Le *collet* d'un habit.	
Colorier	*Colorer* une image, une gravure,	*Colorier* une image, une gravure.	
Combien	Combien *que vous en voulez*?	Combien *en voulez-vous?*	

C	Ne dites pas	Dites	OBSERVAT.
Comparution	*Comparition*,	*Comparution*.	
Complaisant	*Mal* complaisant,	*Peu* complaisant.	
Compliments	Je vous fais mes compliments *empressés*,	Je *m'empresse* de vous faire, ou je vous fais mes compliments.	*Empressés* ne se dit que des personnes.
Compote	Compotes *aux* pommes,	Compotes *de* pommes	
Concombre	De *bonnes* concombres,	De *bons* concombres.	
Confusion	Ce reproche l'a *confusionné*,	Ce reproche l'a *couvert de confusion*.	
Conjoncture	Dans ces *conjectures*, ne vous exposez pas,	Dans ces *conjonctures*, ne vous exposez pas.	*Conjecture* est synonyme de *supposition*, et *conjoncture* de *circonstance*.
Connaissance	C'est une personne de *mes connaissances*,	C'est une personne de *ma connaissance*, c'est *une de mes connaissances*.	
Connaître	Tu *sais* bien le préfet ?	Tu *connais* bien le préfet?	On *connaît* les personnes, on *sait* les choses.
	La cour de cassation ne connaît pas *le* fond des affaires,	La cour de cassation ne connaît pas *du* fond des affaires.	
Conseillers, conseilleurs	Les conseil*lers* ne sont pas les payeurs,	Les conseil*leurs* ne sont pas les payeurs.	*Conseiller* est un titre de fonctions publiques; on l'emploie pour les cas sérieux. *Conseilleur* est le terme familier.
Conséquent	Etre conséquent *avec* soi-même, *avec* ses principes.	Etre conséquent *à* soi-même, *à* ses principes.	
Considérable	Somme *conséquente*,	Somme *considérable*.	*Conséquent*, dans le sens de *considérable* ou d'*important* n'est pas français.
Consommer consumer	Le fer est *consommé* par la rouille.	Le fer est *consumé* par la rouille.	*Consommé* veut dire em-

C	Ne dites pas	Dites	OBSERVAT.
Consultation	Une *consulte* d'avocats, une *consulte* de médecins,	Une *consultation* d'avocats, une *consultation* de médecins.	ployé, usé; — *consumé* veut dire brûlé.
Contigu	Ces deux maisons sont *proches* l'une de l'autre,	Ces deux maisons sont *contiguës*.	
Contraire	Bien *du* contraire,	Bien *au* contraire.	
Contravention	*Contrevention,*	*Contravention.*	
Contre	Ce chien aboie *sur* tous les passants,	Ce chien aboie *contre* tous les passants.	
Contredire	Vous *contredites*, vous *médites,*	Vous *contredisez*, vous *médisez.*	On dit aussi: Vous vous *dédisez*, vous *prédisez*, vous *interdisez*; mais on écrit: vous *dites*.
Contredit	Sans *contredire,*	Sans *contredit.*	
Contrefaçon	C'est une contre*faction,*	C'est une contre*façon*.	
Contre-poison	Des contres-poi*son,*	Des contre-poi*sons*.	
Contrevenir	Ne *désobéissez* pas au règlement,	Ne *contrevenez* pas au règlement.	On *désobéit* aux personnes, aux autorités, aux lois.
Convenir	Ils ne se sont jamais conv*enus,*	Ils ne se sont jamais conv*enu*.	
Convoiter	Il *convoitise* tout,	Il *convoite* tout.	
Corpulence	Cet homme a de la *corporance*, est bien *corporé,*	Cet homme a de la *corpulence*, est *corpulent*.	
Correct	Cette phrase est *exacte,*	Cette phrase est *correcte*.	Mais: ce fait est *exact*.
Corridor	Un *colidor,*	Un *corridor*.	
Cosse	E*cosse* de pois,	*Cosse* de pois. (V. *écale*.)	
Couche	*Un drap d'enfant,*	*Une couche*.	
Coucher	Je vais *coucher,*	Je vais *me coucher*.	
Cou-de-pied	*Cou du pied, coude-pied,*	*Cou-de-pied.*	
Coudre	Ils *coudent*, je *couserai*, je *cousus,*	Ils *cousent*, je *coudrai*, je *cousis*.	

C	Ne dites pas	Dites	OBSERVAT.
Couler	Le lait *court* dans le feu,	Le lait *coule* dans le feu.	
Coup	Il a reçu une *pile*, une *râclée*, une *rincée*,	Il a reçu des *coups*, *il a été battu, il a été rossé.*	
Couple	*Un* couple d'œufs,	*Une* couple d'œufs.	*Couple* marquant le nombre est féminin : *une* couple de pigeons; marquant l'union, il est masculin : voilà *un* couple bien *assorti*.
Courir	J'y *suis* couru,	J'y *ai* couru.	
Coûter	Coûte *qui* coûte,	Coûte *que* coûte, *quoi qu'il en* coûte.	
Coûté	La peine, les efforts que ce travail m'a *coûtés*, Les 20,000 fr. que cette maison m'a *coûtés*.	La peine, les efforts que ce travail m'a *coûté* (sans *s*). Les 20,000 fr. que cette maison m'a *coûté* (sans *s*).	*Coûté* n'est variable que lorsqu'il signifie *causé*, *procuré*, *occasionné*. Que de pertes ces batailles nous ont *coûtées* !
Couvercle	Le *couvert* d'un coquemar,	Le *couvercle* d'un coquemar.	
Couvert	Une table de cinquante *services*,	Une table de cinquante *couverts*.	
Couverture	Une *couverte* de lit,	Une *couverture* de lit	
Couvi	Un œuf *couvé*,	Un œuf *couvi*.	*Couvi* veut dire *gâté*.
Crabe	*Une* crabe,	*Un* crabe.	
Craindre	Je crains *qu'il* tombe,	Je crains *qu'il ne* tombe.	
Crainte	*Crainte* d'être surpris,	*De crainte* d'être surpris.	
Crassane (Poire de)	Une poire de *cresane*,	Une poire de *crassane*.	
Croasser	Le corbeau *coasse*,	Le corbeau *croasse*.	
Croire	Je crois *de* bien faire,	Je crois bien faire.	
Croquant	Pâtisserie *croustillante*,	Pâtisserie *croquante*.	
Cru	Cette lettre est plus intéressante que je ne l'avais *crue*, *pensée*, *supposée*,	Cette lettre est plus intéressante que je ne l'avais *cru*, *pensé*, *supposé*.	

57	58	59	60
C	**Ne dites pas**	**Dites**	OBSERVAT.
Cru	Les taches que j'ai *crues* voir à ta robe,	Les taches que j'ai *cru* voir à ta robe.	
Crypte	*Un* crypte *(arch.)*	*Une* crypte *(arch.)*.	En terme de médecine, *crypte* est masculin.
Cueillir	Je cueil*lirai*,	Je cueil*lerai*.	
Cuillère, cuiller	J'ai une belle *culière* d'argent,	J'ai une belle *cuillère* ou *cuiller* d'argent.	
Curieux	Je suis curieux *s'il est* arrivé,	Je suis curieux *de savoir s'il est* arrivé.	
D			*D* à la fin d'un mot se prononce comme *t* devant une voyelle ou un *h*. *Grand arbre*, *grand homme* : prononcez : gran*t* arbre, gran*t* homme.
Dans	*Dedans* la ville,	*Dans* la ville.	
	Lire *sur* un journal,	Lire *dans* un journal.	
	J'ai mes pantoufles *dans* mes pieds,	J'ai mes pieds *dans* mes pantoufles.	
Dartre	Elle est couverte de dar*tes*,	Elle est couverte de dar*tres*.	
Davantage, plus	Il ne me doit pas *davantage* que 200 fr., N'en demandez pas *plus*,	Il ne me doit pas *plus* de 200 fr. N'en demandez pas *davantage*.	Il y a cette différence entre *davantage* et *plus*, que *davantage* n'est jamais suivi de *que*, ni de *de* : c'est un adverbe absolu. (V. *Plus*.) *Davantage que* serait donc une incorrection.
	Vous aurez aujourd'hui *davantage* de plaisir que l'autre jour,	Vous aurez aujourd'hui *plus* de plaisir que l'autre jour	
De	Il a bu plus *que* trois bouteilles de vin,	Il a bu plus *de* trois bouteilles de vin.	
	Déjeuner *avec du* café, dîner *avec un* poulet, souper *avec de la* salade,	Déjeuner *de* café, dîner *d'un* poulet, souper *de* salade.	
	Jouer *sur* un instrument,	Jouer *d'*un instrument.	
	Je ne ris pas *avec* cette plaisanterie,	Je ne ris pas *de* cette plaisanterie.	
	Vivre *sur* ses rentes,	Vivre *de* ses rentes.	
	Le château *à* mon oncle, le livre *à* mon frère,	Le château *de* mon oncle, le livre *de* mon frère.	

D	Ne dites pas	Dites	OBSERVAT.
De	Le supplément *à* un journal,	Le supplément *d'*un journal.	On dit : il y a un supplément *à* tel numéro d'un journal.
Déboursés	On lui a payé ses *débours*,	On lui a payé ses *déboursés*.	
Décesser	Il ne *décesse* pas,	Il ne *cesse* pas.	
Déchoir	Je *déchoirai*, je *déchoirais*,	Je *décherrai*, je *décherrais*.	Dites aussi : J'*écherrai*-*ais*.
Décombres	Enlevez *toutes* ces décombres,	Enlevez *tous* ces décombres.	
Dédier, consacrer	Cette chapelle est *consacrée* à St-Pierre, et cette église est *dédiée* à Dieu,	Cette chapelle est *dédiée* à saint Pierre, et cette église est *consacrée* à Dieu.	
Défendre	J'ai défendu qu'il *ne* vînt,	J'ai défendu qu'il vînt.	*Défendre* ne doit jamais être suivi d'une négation : *je lui défends de faire*, *je défends qu'il fasse*.
Défier	Je *lui* en défie,	Je *l'*en défie.	
Défier (se), se méfier	Cet avare a toujours été *défiant*,	Cet avare a toujours été *méfiant*.	
	Cette femme vous aborde, *méfiez*-vous	Cette femme vous aborde : *défiez*-vous.	
Dégoutter	Ces toits *gouttent*,	Ces toits dé*gouttent*.	Il faut distinguer *dégoûter*, qui inspire le dégoût, et *dégoutter*, qui tombe goutte à goutte.
	La rosée dé*goûte* des feuilles.	La rosée dé*goutte* des feuilles.	
Dégrafer	*Désagrafer*,	*Dégrafer*.	
Degrés	Cette tour a quatre cents *escaliers*,	Cette tour a quatre cents *degrés*.	L'*escalier* se compose de degrés superposés.
Délice	*Quelle* délice!	*Quel* délice!	*Délice*, comme *orgue*, est mascul. au singulier et féminin au pluriel.
	Vous êtes mes *chers* délices,	Vous êtes mes *chères* délices.	
Demander	*Demander après* quelqu'un,	*Demander* quelqu'un.	
Demanderesse	La deman*deuse*,	La deman*deresse*.	(Terme de palais.) On dit aussi : *défenderesse*.
Demeurer	Où *restez-vous*?	Où *demeurez-vous*?	
	Il *est* demeuré à Paris.	Il *a* demeuré à Paris.	

D	Ne dites pas	Dites	OBSERVAT.
Demi-e	Une de*mie*-heure, trois heures et de*mi*	Une de*mi*-heure, trois heures et de*mie*	
Denier	J'ai donné au concierge le *dernier adieu*,	J'ai donné au concierge le *denier à Dieu*.	
Denrées	*Marchandises* colo.	*Denrées* coloniales.	Les *denrées* sont les productions de la terre; les *marchandises*, en général, sont les produits des manufactures.
Denture	Cette dame a une belle *dentelure*,	...une belle *denture*.	
Dépêcher	*Dépêchez-vous vite* (pléonasme),	*Dépêchez-vous*.	
Désagréable	C'est *guignolant*,	C'est *désagréable*, c'est *fâcheux*.	
Descendre	Descendez en bas,	Descendez.	
Dessous, dessus	Il est *dessous* vous, Il est *dessus* vous.	Il est *sous* vous. Il est *sur* vous.	*Dessous* et *dessus* sont adverbes; *sous* et *sur* sont prépositions.
Déteindre	Cette étoffe *éteint*, *s'éteint*,	Cette étoffe *déteint*, *se déteint*.	*Déteindre* s'emploie aussi activement : les oxydes *déteignent* les étoffes.
Détraction	*Détractation*,	*Détraction*.	
Deux	Horace et Virgile sont *tous deux* des auteurs admirables,	Horace et Virgile sont *tous les deux** des auteurs admirables.	* (L'un et l'autre.)
	Le frère et la sœur vont *tous les deux* au spectacle,	Le frère et la sœur vont *tous deux* au spectacle.	(Ensemble, avec.)
Différend	J'ai été choisi pour juger leur différent,	J'ai été choisi pour juger leur différend.	(Par un *d*.)
Difficulté	Avoir des *raisons* avec quelqu'un,	Avoir des *difficultés* avec quelqu'un, avoir une *dispute*, une *querelle*.	
Diminuer	La viande *détombe* en cuisant,	La viande *diminue de volume*, etc.	
Dinde	*Un* dinde,	*Une* dinde.	
Dîner	J'aurai demain dix personnes à *manger*,	J'aurai demain dix personnes à *dîner*.	

D	Ne dites pas	Dites	OBSERVAT.
Dire	Cette femme *était comme pour* mourir,	*On eût dit que* cette femme *allait* mourir.	
	Je me suis laissé dire,	*On m'a dit*.	
	Cela va sans *parler*,	Cela va sans *dire*.	
Disparate	*Quel* choqu*ant* disparate!	*Quelle* choqu*ante* disparate !	
Disparition	*Disparution*,	*Disparition*.	
Disputer	Ils *se disputent* sans cesse,	Ils *disputent*, ils se querellent sans cesse.	Mais on dira: *Ils se disputent* telle chose; ils se disputent l'honneur de... etc.
Dissuader	*Dépersuader*,	*Dissuader*.	
Donc	*Or donc* j'y parviendrai,	*Donc* j'y parviendrai.	
Dont, d'où	Cet homme *que* mon ami a épousé la fille,	Cet homme *dont* mon ami a épousé la fille.	
	Le livre *que* j'ai besoin, le livre *que* je me sers,	Le livre *dont* j'ai besoin, le livre *dont* je me sers.	
	Il a une colique *qu'il* souffre beaucoup *avec*,	Il a une colique *dont il* souffre beaucoup.	
	La maison d'*où* il sort est illustre,	La maison *dont* il sort est illustre.	
	C'est un beau château que celui *dont* je sors,	C'est un beau château que celui *d'où* je sors.	
Dormir	Les cinq heures que j'ai dor*mies*,	Les cinq heures que j'ai dor*mi*.	(Pendant lesquelles.)
Douté	Ils se sont dout*é* de la chose,	Ils se sont dout*és* de la chose.	
Drachme	*Un* drachme,	*Une* drachme.	
Drôle	Voilà qui est *farce*,	Voilà qui est *drôle*.	
Durant	Il a une pension sa vie *durante*,	Il a une pension sa vie *durant*.	
Duré	Les trois semaines qu'a dur*ées* sa maladie,	Les trois semaines qu'a dur*é* sa maladie.	

D	**Ne dites pas**	**Dites**	OBSERVAT.
Dussé-je	Dus*sai*-je, eus*sai*-je, puis*sai*-je,	Dus*sé*-je, eus*sé*-je, puis*sé*-je,	Par la raison qu'on ne dit jamais : *je dussai*, *j'eussai*, *je puissai*.
E			
Ecale	*Écailles* de noix,	*Ecales* de noix.	On dit: *écaille* d'huître, de tortue, *écailles* de poissons ; *écales*, *cosses* ou *gousses* de pois, de fèves ; *écale*, *coque* ou *coquille* d'œuf.
Echalote	Des *charlottes*,	Des *échalotes*.	
Echange	*Une* échange,	*Un* échange.	
Echappatoire	*Un* échappatoire,	*Une* échappatoire.	
Echappé	Ce mot *m'a* échappé, Ce que je voulais vous dire *m'est* échappé,	Ce mot *m'est* échappé Ce que je voulais vous dire *m'a* échappé.	
	Il l'a échap*pée* belle,	Il l'a échap*pé* belle.	(V. *Réchapper.*)
Echauffourée	Une *échaffourée*,	Une *échauffourée*.	
Echiner (s')	S'*échigner*,	S'*échiner*.	
Echoué	Cette entreprise est *enfoncée*,	Cette entreprise a *échoué*.	*Enfoncé* pour *échoué* est une expression triviale qui n'est pas française.
Eclabousser	*Esclabousser*,	*Eclabousser*.	
Eclair	*Une* éclair,	*Un* éclair.	
Eclairer	Eclairez *madame*,	Eclairez *à* madame.	Ce n'est pas la personne que l'on *éclaire*, c'est le lieu où elle passe.
Eclipse	C'est *un* éclipse.	C'est *une* éclipse.	
Eclisse	Il s'est cassé le bras, on lui a mis *un* éclisse,	. . . . *une* éclisse.	
Ecloppé	Il est escloppé,	Il est *é*cloppé.	
Ecorcher	*Déshabiller* un lièvre,	*Ecorcher* un lièvre.	
Ecritoire	*Un* écritoire,	*Une* écritoire.	Une *écritoire* est un petit meuble qui contient un encrier et d'autres objets nécessaires pour écrire, tels que
Eculés	Il a des souliers ac*culés*,	Il a des souliers *éculés*.	
Ecumoire	Un *écumoir*,	Une *écumoire*.	
Ecurer	*Récurer*,	*Ecurer* plutôt que *récurer*.	

E	Ne dites pas	Dites	OBSERVAT.
Ecureuse	La r*écureuse*,	L'*écureuse*.	plume, canif, etc. L'*encrier* est le petit vase dans lequel on met de l'encre.
Edredon	Un *aigle*don,	Un *éd*redon.	
Efaufiler	D*éfaufiler*,	*Éfaufiler*.	
Effluves	D'impétueu*ses* effluves.	D'impétueu*x* effluves.	
Egaliser	*Egaler* le partage,	*Egaliser* le partage.	
Egoutté	Ce fromage n'*a* pas assez d*égoutté*,	Ce fromage n'*est* pas assez *égoutté*.	
Ehonté	Elle a l'air *dé*honté,	Elle a l'air éhonté.	
Elevé	Une personne bien *éduquée*,	Une personne bien *élevée*.	
Ellipse	*Un* ellipse,	*Une* ellipse.	
Embarras	Faire *ses embarras*,	Faire de *l'embarras*, faire *l'important*.	
Emblème	*Une* emblème,	*Un* emblème.	
Embonpoint	*En*bonpoint,	*Em*bonpoint.	
Embouchoir	Mes bottes ont besoin d'emb*au*choirs,	Mes bottes ont besoin d'em*bou*choirs.	
Eminent	Il occupe une place *imminente*,	Il occupe une place éminente.	(V. *Imminent*.)
Emmailloter	Les sauvages *ne maillottent* point les enfants,	Les sauvages *n'emmaillottent* point les enfants.	
Emmancher	*Amancher* un outil,	*Emmancher*, etc.	
Emoudre	*Rémouler* un couteau,	*Emoudre* un couteau.	
Emparé	Elles se sont empa*ré* de ce chapeau.	Elles se sont empa*rées* de ce chapeau.	
Empêcher	Je *lui* empêcherai de faire cette démarche, J'empêcherai bien *qu'il* vienne, Les jeunes fleuristes que tu as empêc*hé de* travailler,	Je *l'*empêcherai de faire cette démarche. J'empêcherai bien qu'il *ne* vienne. Les jeunes fleuristes que tu as empê*chées de* travailler.	

E	Ne dites pas	Dites	OBSERVAT.
Empêcher (s')	J'ai *dû* rire (pour faire entendre qu'il vous était impossible de ne pas rire),	Je n'ai *pu m'empêcher* de rire.	
Emplâtre	*Une* emplâtre,	*Un* emplâtre.	
Emplir, remplir	*Remplissez* d'eau la carafe. *Emplissez* vos greniers de blé. Il *emplit* la terre du bruit de son nom,	*Emplissez* d'eau la carafe. *Remplissez* vos greniers de blé. Il *remplit* la terre du bruit de son nom.	*Emplir* se dit des liquides. *Remplir,* des solides et des choses immatérielles.
Emprunter	La lune emprunte sa lumière *au* soleil,	La lune emprunte sa lumière *du* soleil.	
En	Il y en a *de ceux qui...*, *de celles* qui...,	Il y en a *qui...*	
	C'est un grand connaisseur *de* tableaux,	C'est un grand connaisseur *en* tableaux.	
	Ah ! malheureux, combien j'*en* ai déjà per*dus !*	Ah ! malheureux, combien j'*en* ai déjà per*du !*	
En, y	Cette maison menace ruine, n'approchez pas d'*elle*,	Cette maison menace ruine, n'*en* approchez pas.	Les pronoms *lui, eux, elle, elles, leur*, employés comme régimes indirects se remplacent ordinairement par *en, y,* quand il s'agit de choses.
Enchanteresse	C'est une enchan*teuse*,	C'est une enchan*teresse*.	
Enclave	*Un* enclave,	*Une* enclave.	
Encrasser	*Crasser* son habit,	*Encrasser* son habit	
Enfant	*Le* charman*t* enfant (en parlant d'une jeune fille),	*La* charman*te* enfant.	
Enfoncer	Il a *foncé* la porte,	Il a *enfoncé* la porte.	
Enigme	*Un* énigme,	*Une* énigme.	
Enjamber	*Ajamber* un ruisseau	*Enjamber*, etc.	
Enfui	Les ennemis se sont enfui,	Les ennemis se sont enfu*is*.	
Ennuyant	C'est ennuy*eux*,	C'est ennuy*ant*.	(Chose.)

85	86	87	88
E	**Ne dites pas**	**Dites**	OBSERVAT.
Ennuyeux	Est-il ennuy*ant* !	Est-il ennuy*eux !*	(Personne.)
Ennuyer	Cette musique m'*embête*,	Cette musique m'*ennuie*.	
Enseigner	J'*apprends* à lire à mon filleul,	J'*enseigne* à lire à mon filleul.	On *apprend* soi-même, on *enseigne* aux autres.
Ensuite	*Puis* ensuite (pléon.)	Ensuite (seul).	
Entendu	Cette dame a une jolie voix, je l'ai enten*du* chanter cette romance,	Cette dame a une jolie voix : je l'ai entend*ue* chanter cette romance.	(J'ai entendu *elle chantant*.)
	Cette romance est charmante, je l'ai entend*ue* chanter par cette dame,	Cette romance est charmante : je l'ai entend*u* chanter par cette dame.	
Entraîner, traîner	Tantôt le cheval *entraîne* la voiture, tantôt la voiture *traîne* le cheval,	Tantôt le cheval *traîne* la voiture, tantôt la voiture *entraîne* le cheval.	
Entre	Entr'eux, entr'elles,	Entre eux, entre elles.	*Entre* ne s'élide que dans les mots composés (*entr'acte, s'entr'aider*)
Envergure	Cet oiseau a plus de cinq pieds d'*enverjure*,	...plus de cinq pieds d'*envergure*.	
Envers	Il est trop sévère *avec* ses enfants, *vis-à-vis de* ses enfants,	...*envers* ses enfants.	*Vis-à-vis* ne peut s'employer pour *envers, à l'égard de*. (On fait généralement cette faute.)
Envers, revers	*L'envers* de cette médaille,	Le *revers* de cette médaille.	
	Le *revers* de cette feuille verte,	*L'envers* de cette feuille verte.	(V. *Verso*.)
Envi	A l'*envie* l'un de l'autre,	A l'*envi* l'un de l'autre.	
Envie	Avoir *du goût* de faire une chose,	Avoir *envie*, etc.	
Epacte	*Un* épacte,	*Une* épacte.	(Age de la lune.)
Epargner	*Eviter* des peines à quelqu'un,	*Epargner* des peines à quelqu'un.	
Epave	*Un* épave,	*Une* épave.	
Epiderme	*Une sèche* épiderme,	*Un sec* épiderme.	

E	Ne dites pas	Dites	OBSERVAT.
Epigramme	*Un* épigramme,	*Une* épigramme.	
Episode	*Une* épisode,	*Un* épisode.	
Epithalame	*Une* épithalame,	*Un* épithalame.	
Epoumonner (s')	Cet acteur *s'épau*monne,	Cet acteur s'*époumonne.*	
Equerre	*Un* équerre,	*Une* équerre.	
Eruption	L'Etna fait d'assez fréquentes ir*ruptions*,	L'Etna fait d'assez fréquentes *éruptions.*	
Erysipèle	*Une érésipèle,*	*Un* ér*y*sipèle.	
Escalier	Descendre *les escaliers,*	Descendre *l'escalier.*	
Escarmouche	*Un* escarmouche,	*Une* escarmouche.	
Escarre	*Un* escarre,	*Une* escarre.	
Esclandre	*Une* esclan*de*,	*Un* esclan*dre*.	
Espace	Une espace,	Un espace.	Le mot *espace* n'est féminin qu'en terme d'imprimerie.
Espadon, espadonner	*Espadron, espadronner,*	*Espadon, espadonner.*	
Esquinancie	Elle a une esqui*lan*cie,	Elle a une esqui*nan*cie.	
Esquisse	Le peintre n'a fait qu'une *exquisse,*	Le peintre n'a fait qu'une *esquisse.*	
Essuie-mains	Un essuie-ma*in,*	Un / des } essuie-ma*ins*.	
Estampille	*Un* estampille,	*Une* estampille.	
Etable	*Un* étable,	*Une* étable.	
Et cetera	Des poires, des pêches, *eccétera,*	Des poires, des pêches, *et cetera.*	
Etamer, étameur	Le *ré*tameur va *ré*tamer la cas*te*role,	*L'é*tameur va *é*tamer la cas*se*role.	
Etat	Etre *à même* d'entreprendre,	Etre *en état* d'entreprendre.	
Etres	Je connais les *aises* de cette maison,	Je connais les *êtres* de cette maison.	
Eu	Les mauvais temps qu'il y a *eus,*	Les mauvais temps qu'il y a *eu.*	
Eure-et-Loir	Le département d'Eure-et-*Loire,*	Le département d'Eure-et-*Loir.*	On fait souvent cette faute ;

E	Ne dites pas	Dites	OBSERVAT.
Eux deux, eux trois	*Leurs* deux, *leurs* trois,	*Eux* deux, *eux* trois.	c'est la rivière du *Loir*, et non le fleuve de la *Loire*, qui donne à ce département une partie de son nom.
Evangile	*Une* évangile,	*Un* évangile.	
Evanouir (s')	Cette femme *a faibli**, *est tombée faible*,	Cette femme *s'est évanouie*, *s'est trouvée mal*, *est tombée en syncope*.	* *Faiblir*, c'est commettre un acte de faiblesse.
Eventail	*Une* éventail,	*Un* éventail.	
Eventer (s')	Le vin *s'évapore* (pour exprimer qu'il s'altère par le contact de l'air),	Le vin *s'évente*.	*S'évaporer* signifie se résoudre en vapeur.
Evier	Il faut tenir le *lavier*, le *lévier* propre,	Il faut tenir l'*évier* propre.	
Excédant	Excédent,	Excéd*a*nt.	(Par un *a*.)
Excuse	*Demander excuse* (Ce serait demander que l'on vous fît des excuses),	*Faire ses excuses*, *présenter ses excuses*, *demander pardon*.	
Exemplaire	*Une* exemplaire,	*Un* exemplaire.	
Exemple	Son maître d'écriture lui a donné de *beaux* exemples à copier,	Son maître d'écriture lui a donné de *belles* exemples à copier.	Noël et Chapsal, Napoléon Landais, Boiste, et autres font *exemple* feminin dans ce cas. L'Académie seule aujourd'hui le fait masculin.
Exérèse	*Un* exérèse,	*Une* exérèse.	
Exergue	Remplissez *cette* exergue,	Remplissez *cet* exergue.	
Exorde	*Une* exorde,	*Un* exorde.	
Exostose	*Un* exostose,	*Une* exostose.	
Expiré	Cet homme *expiré*,	Cet homme *ayant expiré*.	
Exploits	Les *prouesses* de ce héros,	Les *exploits* de ce héros (de Bayard, de Condé).	On n'emploie plus guère le mot prouesse qu'en plaisanterie.
Exprès	Vous l'avez touchée *par exprès*,	Vous l'avez touchée *exprès*.	

E	Ne dites pas	Dites	OBSERVAT.
	Il est venu *expressément* pour cette affaire.	Il est venu *exprès* pour cette affaire.	
Exquis	Esquis,	E*x*quis.	
Extase	*Un* extase,	*Une* extase.	
Extension	La nouvelle loi a donné de l'*étendue* à son autorité,	. . . . de l'*extension* à son autorité.	
Exténué	Il s'est *éreinté* de fatigue,	Il s'est *exténué*.	S'*éreinter* signifie se fouler ou se rompre les reins.
Extérieur	Le *dehors* d'un bâtiment,	L'*extérieur* d'un bâtiment.	Pour en indiquer les faces.
Extinction	Une extinsion ou une estinsion de voix,	Une e*x*tinc*t*ion.	On dit aussi l'*extinction* d'une race, d'un privilége, d'une rente.
Extrêmement	J'ai *très* faim, *très* soif,	J'ai *extrêmement* faim, *extrêmement* soif.	*Très* ne peut pas se joindre à un substantif.
F			
Fabrique, manufacture	*Fabrique* de glaces, *manufacture* de bas,	*Manufacture* de glaces, *fabrique* de bas.	
Face	En face *le* palais,	En face *du* palais.	
Façonnier	*Façonneur, façonneuse,*	*Façonnier, façonnière.*	
Faillir	Je *faillirai,*	Je *faudrai*.	
Faire	Trois et cinq *sont* huit,	Trois et cinq *font* huit.	On ne doit pas confondre *ne faire que* avec *ne faire que de. Ne faire que* sortir, c'est sortir continuellement; *ne faire que de* sortir signifie qu'on vient de sortir.
	Tâchez que je sois content,	*Faites en sorte* que je sois content.	
	Vous *faisez,*	Vous *faites.*	
	Vous aurez fort *affaire*,	Vous aurez fort *à faire*.	
	C'est *affaire* à vous,	C'est *à faire* à vous.	

F	Ne dites pas	Dites	OBSERVAT.
Faire faire	Je les ai *faits* faire,	Je les ai *fait* faire.	
Fait	C'est *fini avec* moi, Ma mère arrive, je l'ai *faite* venir, Les chaleurs excessives qu'il a *faites*, Les belles actions qu'il a *fait*,	*C'est fait de* moi. Ma mère arrive, je l'ai *fait* venir. Les chaleurs excessives qu'il a *fait*. Les belles actions qu'il a *faites*.	*Fait*, suivi d'un infinitif, est toujours invariable
Falbala	C'est une robe à fal*banas*,	C'est une robe à fal*balas*.	
Falloir	*Veux-je* y aller ?	*Faut-il* y aller ?	
Fanfreluche	Ce sont des fan*ferlu*ches,	Ce sont des fan*frelu*ches.	
Farceur	Cet homme est *farce*,	Cet homme est *drôle*, est *comique*, c'est un *farceur*.	
Fatals		Projets *fatals*.	On dit aussi: fin*als*, glaci*als* matin*als*, na*sals*, nav*als*, pasc*als*, théâ*trals*.
Fatras	Un livre plein de *fratras*,	Un livre plein de *fatras*.	
Fer à cheval fer de cheval			Un *fer de cheval* est un fer qu'on met au pied d'un cheval; *fer à cheval* se dit d'une table, d'un escalier qui a la forme de ce fer.
Feu, feue	*Feue* la reine, Votre *feu* tante,	*Feu* la reine. Votre *feue* tante.	
Feuilletage	Du feuillet*é*,	Du feuille*tage*.	(Pâtisserie).
Fier (se)	Je me *confie* à votre adresse,	Je me *fie* à votre adresse.	Mais on dit: les passagers se *confient* au pilote.
Fièvre	Avoir *les fièvres*,	Avoir *la fièvre*.	
Figurer	Cette femme s'était *figurée* qu'elle allait mourir,	Cette femme s'était *figuré* qu'elle allait mourir.	Il en est de même des verbes *se permettre, s'ima-*

F	Ne dites pas	Dites	OBSERVAT.
Filigrane	C'est *de la filigramme* ou *filagramme*,	C'est du *filigrane*.	*giner*, etc. (invariables).
Fin, fine	C'est une femme bien *argotée*,	C'est une femme bien *fine*, bien *rusée*.	
	J'ai pris la bille trop *fine*,	J'ai pris la bille trop *fin*.	
Finalement	*Enfin finalement*, (pléonasme)	*Enfin*, ou : *finalement* (seuls).	
Finir	Avez-vous fini *avec* le journal ?	Avez-vous fini *de lire* le journal ?	
Flairer, fleurer			*Flairer*, c'est sentir par l'odorat : *flairez* cette rose. *Fleurer* signifie répandre une odeur : cela *fleure* bon.
Flaquer	Il lui a *flanqué* un verre d'eau au visage,	Il lui a *flaqué* un verre d'eau au visage.	*Flaquer* se dit des liquides.
Flatter (se)	*J'espère que* je ne suis pas exigeant,	*Je me flatte de* ne pas être exigeant.	
	Il se flatte *de* vous plaire,	Il se flatte *qu'il* vous plaira.	*Se flatter* prend le *de* dans le sens de *se vanter*, et le *que* lorsqu'il signifie *espérer*.
Flegmatique	Il est si *flegme*,	Il est si *flegmatique*.	
Fleur	Arbre en *fleurs*,	Arbre en *fleur*.	
Floraison	La *fleuraison*,	La *floraison*.	
Florissait	Virgile *fleurissait* sous Auguste,	Virgile *florissait* sous Auguste.	
Fois	Une fois pour *tout*,	Une fois pour *toutes*.	
Fond, Fonds	J'ai fait *fonds* sur vous,	J'ai fait *fond* sur vous.	

F	Ne dites pas	Dites	OBSERVAT.
	Fond d'esprit, d'estime, de malice, etc.	*Fonds* d'esprit, d'estime, de malice, etc.	
	Le *fonds* de cette histoire, de cette doctrine, de cet ouvrage,	Le *fond* de cette histoire, de cette doctrine, de cet ouvrage.	
	Il a mangé son *fond* avec son revenu,	Il a mangé son *fonds* avec son revenu.	
	Fond de terre,	Fonds de terre.	
Fonts	J'ai tenu cet enfant sur les *fonds*,	J'ai tenu cet enfant sur les *fonts*.	
Forcé	J'ai été *forcé malgré moi* de travailler,	J'ai été *forcé* de travailler.	*Forcé* suffit, *malgré moi* est un pléonasme.
Fossoyeur	*Fosseyeur*,	*Fossoyeur*.	
Foudre	*Orage* (quand il n'est question que de la foudre, du tonnerre),	*La* foudre est tombée *Un* foudre de guerre, d'éloquence (au figuré).	Un *orage* est une grosse pluie accompagnée de vent, d'éclairs, de tonnerre. *Foudre* est féminin au propre, masculin au figuré.
Fourché	Satan a le pied four*chu*,	Satan a le pied four*ché*.	
Fragile	La porcelaine est *casuelle*,	La porcelaine est *cassante*, est *fragile*.	
Frangipane	Il se bourre de fran*chi*pane,	Il se bourre de fran*gi*pane.	
Fressure	De la *frésure*,	De la *fressure*.	
Fricassée	De la viande *étuvée*,	De la viande *fricassée*.	On dit aussi: *à l'étuvée*; mais *étuver* signifie laver en appuyant doucement : *étuver* une plaie.
Frimas	Braver les fri*mats*,	Braver les fri*mas*.	
Fringale	Vous avez la *fringale*,	Vous avez une *faim* canine.	Il ne faut pas confondre avec *faim-valle* et *faim-calle*, qui sont des maladies de chevaux.
Frustrer	On nous *fruste* de nos droits,	On nous *frustre* de nos droits.	
Fuir	Ce vase *goutte*,	Ce vase *fuit*.	
Futaie	Un bois de haute *futaille*,	Un bois de haute *futaie*.	*Futaille* se dit d'un tonneau.

F	Ne dites pas	Dites	OBSERVAT.
Fumé	Jambon *enfumé* (quand il est question d'un jambon qu'on a exposé à dessein à la fumée),	Jambon *fumé*.	*Enfumé* signifie noirci par la fumée : meubles *enfumés*.
Fus (je)	Je *fus* l'implorer,	J'*allai* l'implorer.	
G			
Garde			Le mot *garde* est masculin, quand il désigne une ou plusieurs personnes tirées d'une totalité : *un* garde *national*, *un* garde *impérial*; mais *garde* est féminin, quand il sert à exprimer tout le corps : *la* garde *nationale*, *la* garde *impériale*.
Garde-fous	Il monte sur tous les gar*des*-fous,	Il monte sur tous les gar*de*-fous.	
Garde-meubles	Tous les palais impériaux ont des gar*des*-meubles,	Tous les palais impériaux ont des gar*de*-meubles.	On dit aussi: des *garde-robes*, mais : des *garde - manger*.
Gardien, garde	C'est le *garde* de ce dépôt ; il est un des *gardiens* du Trésor public,	C'est le *gardien* de ce dépôt ; il est un des *gardes* du Trésor public.	
Garni	Une prairie bien *arborée*,	Une prairie bien *garnie d'arbres*.	
Gastrite	J'ai une *gastrique*,	J'ai une *gastrite*.	Mais on dit : *embarras gastrique*.
Gaufre	De *bons* gaufres,	De *bonnes* gaufres.	
Géante	Une *géane*,	Une *géante*.	
Genet (cheval)	Je monte un beau *genêt* d'Espagne,	Je monte un beau *genet* d'Espagne (sans accent).	Mais on écrit *genêt* (avec l'accent) la plante de ce nom.
Gens	Les vieilles gens sont soupçon*neuses*,	Les vieilles gens sont soupçon*neux*.	*Gens* veut au féminin l'adjectif qui le

G	Ne dites pas	Dites	OBSERVAT.
Gésier	Le *gigier* d'un pigeon,	Le *gésier* d'un pigeon.	précède, et au masculin cel qui le suit.
Gingembre	Du *gengembre*,	Du *gingembre*.	
Girandole	Une *gérandole*,	Une *girandole*.	
Giroflée	Une *géroflée*,	Une *giroflée*.	
Glas	Sonner *une transe, une agonie*,	Sonner *le glas*.	
Glissade, glissoire			Ne confond pas ces de mots : *glissade* se dit l'action de glisser; une *glissoire* est chemin fray sur la gla pour y glisse
Gorger (se)	Se *gaver*,	Se *gorger*.	
Goudron	Apportez le *gau*dron pour calfater le vaisseau,	Apportez le *gou*dron pour calfater le vaisseau.	
Goût	Ce mets *ne me goûte pas*,	Ce mets *n'est pas de mon goût*.	
Goutte	*Il goutte, il commence à goutter*,	*Il tombe des gouttes d'eau, il commence à pleuvoir*.	
	Cet homme *ressemble à* son père comme deux gouttes d'eau,	Cet homme *et* son père *se ressemblent* comme deux gouttes d'eau.	
Gouvernail		Des gouver*nails*.	
Grand'tante	Ma gran*de* tante,	Ma gran*d'*tante.	Comme : m *grand'mère grand'chose grand'pitié grand'chambre, grand messe, grand chère, grand peine.*
Gravier	*De la grève*,	*Du gravier*.	*Grève* se d d'une plage nie et sablo neuse, le lo de la mer, et
Griffonnage griffonner	*Grabouillage, grabouiller*,	*Griffonnage, griffonner*.	
Gril	*Une grille* (pour désigner un ustensile de cuisine sur lequel on fait rôtir de la viande),	*Un gril*.	
Gros	Cet arbre est *épais*,	Cet arbre est *gros*.	Mais, cet planche est *paisse*.

G	Ne dites pas	Dites	OBSERVAT.
Gruyère	Du fromage de *Gruère,*	Du fromage de *Gruyère.*	
Guère	Nous n'en avons *pas guère,*	Nous n'en avons *guère.*	
	Il ne s'en est fallu *de guère,*	Il ne s'en est *guère* fallu.	
Guérissable	Cette maladie est *remédiable,*	Cette maladie est *guérissable.*	*Remédiable* n'est pas français. On dit cependant *irrémédiable.*
Guet	Un chien *de bonne guette,*	De *bon guet.*	
H			
Habileté, habilité			*Habileté* signifie talent, savoir, science; *habilité* est un terme de pratique qui signifie qualité requise pour... : *habilité* à succéder.
Hableur	Vous êtes un *blagueur,*	Vous êtes un *hâbleur.*	
Haïr	Je *haïs,* tu *haïs,* il *haït,*	Je *hais,* tu *hais,* il *hait.*	
Haleine	Le *souffle* des zéphyrs,	L'*haleine* des zéphyrs.	Mais dites le *souffle* de l'aquilon.
Hasard	*L'*hasard,	*Le* hasard.	
	J'ai acheté ce livre *de rencontre,*	J'ai acheté ce livre de *hasard.*	
Hasarder	*J'*hasarde,	*Je* hasarde.	
Hasardeux	*C'est risquant,*	*Cela est hasardeux.*	
Héliotrope			*Héliotrope,* plante, est du masculin; *héliotrope,* pierre fine, est du féminin.
Hémisphère	*Une* hémisphère,	*Un* hémisphère.	
Hémorrhagie	Une *hémorrhagie de sang,*	Une *hémorrhagie.*	
Henri	La vie *d'*Henri IV,	La vie *de* Henri IV.	
Hérault	Un hér*os* d'armes,	Un hér*aut* d'armes.	
Héritage	*Héritance,*	*Héritage, succession.*	*Héritance* est un vieux mot qui n'est pas admis par l'Académie.
Hernie	*L'*hernie,	*La* hernie.	
Hésiter	Je n'hésite point *de* vous le dire,	Je n'hésite point *à* vous le dire.	
Heure	*Le quart de onze*	*Dix heures trois*	

125	126	127	128
H	**Ne dites pas**	**Dites**	OBSERVAT.
	heures, le quart pour onze, le quart avant onze	*quarts, dix heures quarante-cinq minutes*, ou : *onze heures moins un quart.*	
	Cinq heures et *le quart,* cinq heures et *quart,*	Cinq heures et *un quart.*	
	A bonne heure ; *plus de* bonne heure ; si *à* bonne heure,	*De* bonne heure ; *de meilleure* heure ; *de si* bonne heure.	
	Huit heures *est sonné,*	Huit heures *sont sonnées.*	
	Sur les une heure,	*Vers* une heure.	
Hiatus	*Le* hiatus que vous avez fait,	*L'*hiatus que vous avez fait.	
Hier	Hier *matin,* hier *soir,*	Hier *au matin,* hier *au soir.*	
Histoire	*Les* histoires *ancienne et moderne,*	*L'*histoire ancienne *et la* moderne.	
Hollande	*L'*Hollande,	*La* Hollande.	
Hombre (jeu)	Ces deux sergents jouaient à *l'ombre* (ancien jeu.)	Ces deux sergents jouaient à l'*hombre.*	
Honorifique	C'est une place *honoraire,*	C'est une place *honorifique.*	*Honorair* se dit des per sonnes ; *honorifique* de choses. *Honoraires,* au pluriel, signifi *rétribution.*
Horloge	*Cet* horloge retarde,	*Cette* horloge retarde.	
Horoscope	*Une* horoscope,	*Un* horoscope.	
Hôtel	*Une grande* hôtel,	*Un grand* hôtel.	
Houillère			On écrit *houillère,* et no *houillière.*
Hourvari	Ils ont fait un *boulvari.*	Ils ont fait un *hourvari.*	
Humeur	Humeur *massacrante,*	Humeur *insupportable.*	
Hurluberlu	C'est un *hustuberlu,*	C'est un *hurluberlu.*	
Hussard	*Cet* hussard,	*Ce* hussard.	
Hydre	*Un* hydre,	*Une* hydre.	
Hyène	La rage de *la* hyène,	La rage de *l'*hyène.	

H	Ne dites pas	Dites	OBSERVAT.
Hymne	Simonide a écrit de bien *belles* hymnes; mais Santeul en a composé de bien *divins*,	Simonide a écrit de bien *beaux* hymnes; mais Santeul en a composé de bien *divines*.	Hymne *profane* est masculin; hymne *sacrée* ou d'*église* est féminin.
Hypothèque	*Un bon* hypothèque,	*Une bonne* hypothèque.	
I			
Idée	J'ai dans *la tête* une espérance. J'ai dans *l'idée* une résolution	J'ai dans *l'idée* une espérance. J'ai dans *la tête* une résolution.	On a dans *l'idée* ce qu'on pense, et dans *la tête* ce qu'on veut.
Ignorance	Il n'est pas instruit: c'est un *âne*,	Il n'est pas instruit, c'est un *ignorant*.	
Illisible	Quelle vilaine écriture, elle est *in*lisible,	Quelle vilaine écriture! elle est *illi*sible.	D'un ouvrage mal écrit, en français, on dirait qu'il est *in*lisible; mais euphoniquement il vaut mieux ne pas le dire.
Il y a	*C'est* aujourd'hui un an que je suis revenu de Paris,	*Il y a* aujourd'hui un an, etc.	
Il y en a	*Y n'y* en a,	*Il y* en a.	
Imaginer	Imaginez-*vous* que... Je *m'ai* imaginé, Ces dames se sont imagin*ées* que...	Imaginez que... Je *me suis* imaginé. Ces dames se sont imagin*é* que...	
Imminent	Un danger *é*minent,	Un danger *im*minent (inévitable).	(V. *Éminent*.)
Immondices	De révoltants immondices,	De révoltant*es* immondices.	
Immutabilité	L'immu*a*bilité de Dieu,	L'immu*ta*bilité de Dieu.	Mais on dit Immu*a*ble.
Impasse	Je me suis mis dans *un* impasse,	Je me suis mis dans *une* impasse.	
Important-te	Affaire *conséquente*,	Affaire *importante*.	
Importe	Qu'importe son amour ou sa haine,	Qu'importe *de* son amour ou *de* sa haine.	
	Qu'impor*tent* le beau et le mauvais temps	Qu'impor*te* du beau et du mauvais *temps*.	

I	Ne dites pas	Dites	OBSERVAT.
Imposer, en imposer			*Imposer* renferme une idé de respect, d considération d'ascendant; *e* *imposer*, un idée de mensonge, de déception. L'honnête homm qui dit franchement la vérité *impose;* l fripon qui cherche à se tire d'affaire pa des mensonges *en impose*
Imposte	Toute arcade a *un* imposte,	Toute arcade a *une* imposte.	
Impression	Ce discours *m'a* fait impression,	Ce discours *a* fait impression *sur moi*.	
Imputé	Pourquoi lui avoir *attribué* cette calomnie ?	Pourquoi lui avoir *imputé* cette calomnie ?	
Inattention	C'est une faute d'*attention*,	C'est une faute d'*inattention*.	Mais on di bien : il a fai cela par faut d'attention.
Incendie	*Une* incendie, Il y a eu *un feu, il a brûlé* la nuit dernière,	*Un* incendie. Il y a eu *un incendie*, etc.	
Inclinaison, inclination	*L'inclination* de l'orbite d'Uranus (ou Herschel) sur l'écliptique n'est que de 46' 26", *Inclinaison* de tête,	*L'inclinaison* de l'orbite d'Uranus, etc. *Inclination* de tête.	*Inclinatio* s'emploie auss dans le sens d sentiment e de goût. — *Inclination* pou telle personn ou telle chose
Indigné, outré	Je suis *outré* de ce qu'il fait souffrir à cette pauvre femme, et je suis *indigné* de ce qu'il m'a fait hier à moi-même,	Je suis *indigné* de ce qu'il fait souffrir à cette pauvre femme, et je suis *outré* de ce qu'il m'a fait hier à moi-même.	
Induire	Induire *en* mal,	Induire *à* mal.	Mais on in duit *en* erreu ou *en* tentation.
Inexcusable	Vous êtes *impardonnable*,	Vous êtes *inexcusable*.	*Impardonnable* ne se di que des choses : faute, er reur *impardonnable*.
Infatué	Il est *effatué* de sa personne,	Il est *infatué* de sa personne.	

I	Ne dites pas	Dites	OBSERVAT.
Infecter, infester	*Infecter* pour *infester*, et réciproquement,		*Infecter*, c'est répandre une mauvaise odeur, propager la contagion : ce marais *infecte*; il *infecte* le pays de sa pernicieuse doctrine. *Infester*, c'est piller, ravager: les pirates *infestaient* les côtes. * (V. *Habileté*.)
Inflammation	En*flammation*, J'ai un *froid* à la gorge,	In*flammation*. J'ai une *inflammation* à la gorge.	
Inhabilité	Il y a inhabi*leté* pour lui à recueillir cette succession,	Il y a inhabi*lité* pour lui à recueillir cette succession. *	
Insulter, insulter à	Ne *lui* insultez pas, N'insultez pas *le* malheur,	Ne *l'*insultez pas. N'insultez pas *au* malheur.	
Intention	*Je suis d'*intention de...,	J'ai *l'*intention de...	
Interlocutrice	Interlocu*teuse*,	Interlocu*trice*.	
Intervalle	*Une* intervalle,	*Un* intervalle.	
Interstice	J'ai cimenté *toutes* les interstices,	J'ai cimenté *tous* les interstices.	
Invectiver	Invectiver quelqu'un,	Invectiver *contre* quelqu'un.	
Ipécacuanha	*Epi*cacuanha,	*Ipé*cacuanha.	
Ivre	Cet homme est *bu*, Il est *mort-ivre*,	Cet homme est *ivre*. Il est *ivre-mort*.	
Ivrogne	C'est un *soulard*.	C'est un *ivrogne*.	
J			
Jais			N'écrivez pas: noir comme *geai* (oiseau), mais noir comme *jais*, comme du *jais* (pierre.)
Jalap	J'ai pris *de la jalape*,	J'ai pris *du jalap*.	
Jamais	Je ne l'ai *plus* vu (en parlant d'un objet qui ne s'est pas encore offert à vos regards),	Je ne l'ai *jamais* vu. Je ne l'ai pas *encore* vu.	

J	**Ne dites pas**	**Dites**	OBSERVAT.
Jet d'eau	Un parterre orné de *jeux* d'eau,	...orné de *jets* d'eau.	
Joint (Ci-)	La lettre *ci-joint* vous apprendra,	La lettre ci-jointe vous apprendra.	
	Vous trouverez ci-joint*es* les notes,	Vous trouverez *ci-joint* les notes.	
Jonchets	Jouez donc aux *honchets*,	Jouez donc aux *jonchets*.	
Jouer	Jouer *avec les* cartes,	Jouer *aux* cartes.	Il n'y a que les enfants qui jouent *avec* les cartes.
Journellement	Travailler *journalièrement*,	Travailler *journellement*.	
Jujube	*Le* jujube est *adoucissant*,	*La* jujube est *adoucissante*.	
Juste	Comme *de* juste,	Comme *il est* juste.	
L			
Là	C'est là *où* je vais,	C'est là *que* je vais.	
Laborieux, laborieuse	Cette personne est *vaillante* (pour désigner qu'elle travaille beaucoup)	....*laborieuse*.	*Vaillant* signifie courageux dans le sens de combat.
Laisse	Mener des chiens *à la* laisse,	Mener des chiens *en* laisse.	
Laissé	Je les ai laiss*é* partir,	Je les ai laiss*és* partir.	*Laissé*, suivi d'un infinitif, s'accorde quand le complément précède le participe ou quand l'infinitif est neutre. *Laissé* ne s'accorde pas quand l'infinitif est actif et sert de complément après le participe.
	Ils se sont laiss*és* surprendre,	Ils se sont laiss*é* surprendre.	
	Elles se sont laiss*ées* séduire,	Elles se sont laiss*é* séduire.	
Lait de beurre	*Lait battu*,	*Babeurre, lait de beurre*.	
Laite	*Le lait* d'un hareng,	*La laitance, la laite* d'un hareng.	
Langui	Les deux années qu'il a lang*uies* sur les pontons,	Les deux années qu'il a lang*ui* sur les pontons.	
Laque	*Du* laque de Chine,	*De la* laque de Chine.	
Large, largeur	Cette rue est quinze mètres *large*,	Cette rue est *large* de quinze mètres, ou : cette rue a quinze mètres *de largeur*.	

L	Ne dites pas	Dites	OBSERVAT.
Larronnesse	C'est une *larronne*,	C'est une *larronnesse*.	
Le, La	Donnez-*me-le*, donnez-*moi-le*,	Donnez-*le-moi*.	Une dame à qui l'on demande : Etes-vous malade? doit répondre : Je *le* suis, et non : Je *la* suis. *Le* est invariable, quand il tient la place d'un adjectif, mais il n'en est pas de même si le pronom *le* représente un substantif, ou un adjectif pris substantivement : il s'accorde alors en genre et en nombre avec ce substantif ou cet adjectif pris substantivement : Etes-vous madame de Sévigné? Je *la* suis. Etes-vous la mariée? Je *la* suis.
Les	Les bons et mauvais livres,	Les bons et *les* mauvais livres.	
Leçon	Prendre des leçons *à* quelqu'un,	Prendre des leçons *de* quelqu'un.	
Légume	De *bonnes* légumes,	De *bons* légumes.	
Lentilles	Pour un plat de *nentilles*,	Pour un plat de *lentilles*.	
Lequel, laquelle	La personne que j'ai parlé *avec*,	La personne *avec laquelle* j'ai parlé.	
	Lequel est le plus grand, *de mon frère ou de moi ?*	Lequel est le plus grand, *mon frère ou moi ?*	
		Duquel êtes-vous content, *de mon frère* ou *de moi ?*	
	Le cheval sur *qui* je suis monté, la science *à qui* je m'applique,	Le cheval sur *lequel* je suis monté, la science *à laquelle* je m'applique.	
Lettre	J'ai reçu *la vôtre*, *votre honorée*,	J'ai reçu *votre lettre*.	
Leur	Je *leurs* ai dit de revenir,	Je *leur* ai dit de revenir.	
	Il *leur est* parent,	Il *est leur* parent.	
Lever	*Elever* les yeux au ciel,	*Lever* les yeux au ciel.	
Levure	Il n'y a point de *jet* dans ce pain,	Il n'y a point de *levure* dans ce pain.	
Liquide	L'eau, l'huile sont des *fluides*,	L'eau, l'huile sont des *liquides*.	*Fluide* ne s'emploie proprement que pour les gaz.
Linceul	Un *linceuil*,	Un *linceul*.	
Liteaux	De belles serviettes à *linteaux*,	De belles serviettes à *liteaux*.	
Litharge	*Du* litharge,	*De la* litharge.	
Livraison	*Livrance*, *livrement*,	*Livraison*.	

L	Ne dites pas	Dites	OBSERVAT.
Losange			Suivant l'Académie *losange* est féminin ; mais tous les géomètres et le programme du baccalauréat le font masculin.
Luter	Il faut *lutter* ce tube,	Il faut *luter* ce tube.	
M			
Mairie	Allons à la *mairerie*,	Allons à la *mairie*.	
Mal	Il a *parlé mal* de vous,	Il a *mal parlé* de vous.	
	C'est *mal parler*,	C'est *parler mal*.	(S'exprimer mal.)
Malade	Je *sors* d'être malade,	Je *viens* d'être malade.	
Maladie	Il a *fait* une longue maladie,	Il a *eu* une longue maladie.	
Malentendu	C'est un *més*entendu	C'est un *mal*entendu	
Malgré	Il est fort vif, mais il est bon*pour,quoique* cela,	*Malgré* cela.	
	Malgré qu'il soit bon,	*Malgré sa* bonté.	*Malgré que* ne s'emploie qu'avec le verbe *avoir: malgré qu'il en ait.*
Malin, maligne	Fièvre *maline,*	Fièvre *maligne.*	
	Est-elle *maline !*	Est-elle *maligne !*	
Maltraiter, traiter mal			*Maltraiter*, c'est outrager de paroles ou de coups; *traiter mal* signifie en agir mal avec quelqu'un
Manger	Cet enfant mange *tout* (pour faire entendre que tous les aliments lui conviennent),	Cet enfant mange *de tout.*	
Manière(de)	Il faut se conduire de manière *à ce qu'on* n'ait aucun reproche à se faire,	...de manière *qu'on* n'ait aucun reproche, etc.	
Marmelade	Marmelade *aux* pommes,	Marmelade *de* pommes.	
Matineux, matinal	Cet ouvrier est toujours *matinal,*	Cet ouvrier est toujours *matineux.*	On dit d'un astre, d'une étoile ou d'une planète (de Vénus, par exemple), qu'elle est *matinière*. *Matinal* veut dire qu'on s'est
	Je suis *matineux* aujourd'hui,	Je suis *matinal* aujourd'hui.	
Matricule	Il est inscrit sur *le* matricule,	Il est inscrit sur *la* matricule.	

M	Ne dites pas	Dites	OBSERVAT.
Médical	La science *médicinale*,	La science *médicale*.	levé matin ce jour-là ; *matineux*, qui a l'habitude de se lever matin.
Mêler	Mêlez de l'eau *à* votre vin,	Mêlez de l'eau *avec* votre vin.	(Mélanger.)
	Mêlez la douceur *avec* la fermeté,	Mêlez la douceur *à* la fermeté.	(Unir, joindre)
Membré, membru			Il ne faut pas confondre ces deux mots. Bien *membré* signifie qui a les membres bien faits ; *membru* se dit de celui qui a les membres fort gros.
Même (V. *état*, *portée*)			
Menacé	*Menacer* une maladie,	*Être menacé* d'une maladie.	
Menuisier	Un *menusier*,	Un *menuisier*.	
Mercredi	*Mécrédi*,	*Mercredi*.	
Messire-Jean	Ce sont des poires *demi-sergent*, *de misser Jean*,	Ce sont des poires de *messire-Jean*.	
Mesure	*Fait-à-fait*,	*A mesure*.	
	Au fur et à mesure que,	*A* mesure que.	
Métopes	*Tous* les métopes qui sont entre ces triglyphes,	*Toutes* les métopes qui sont entre ces triglyphes.	Terme d'architecture.
Mettre	Elle s'est *mise* cela dans la tête,	Elle s'est *mis* cela dans la tête.	
Midi, Minuit	Midi *sont sonnés*, vers *les midi*, à midi *précise*, vers *les minuit*, etc.,	Midi *est sonné*, vers *midi*, à midi *précis*, vers *minuit*, etc.	
Mil	*Mille* huit cent quinze,	*Mil* huit cent quinze	*Mille* est invariable : trois *mille* hommes; *mille* (mesure itinéraire) est variable : trois *milles* anglais équivalent à une lieue de France.
Milieu	Le *mitan* de la rue,	Le *milieu* de la rue.	
Mise	Est-elle *brave* !	Est-elle *bien mise* !	
Misérable	Cet homme a l'air *minable*,	Cet homme *a* l'air *misérable*.	
Mitre	Un *bonnet* d'évêque, de cardinal,	Une *mitre* d'évêque, une *barrette* et	

M	Ne dites pas	Dites	OBSERVAT.
		un *chapeau* de cardinal.	
Mode, vogue	Cette coiffure a la *vogue*,	Cette coiffure est à la *mode*.	
	Mon médecin est à la *mode*,	Mon médecin a la *vogue*.	
Moi	Donnez-*moi-le*,	Donnez-*le-moi*.	
Moins	A moins *qu'il sorte*,	A moins qu'il *ne* sorte.	*A moins que* doit toujours être suivi de *ne*.
Molécule	*Un* molécule,	*Une* molécule.	
Monticule	*Une* monticule,	*Un* monticule.	
Monter	Montez *en haut*,	Montez.	
Montrer	Il ne faut montrer personne *du* doigt,	Il ne faut montrer personne *au* doigt.	
	Montre-moi cette étoile *au* doigt,	Montre-moi cette étoile *du* doigt.	
Morigéner	Mori*gi*ner quelqu'un	Mori*gé*ner quelqu'un	
Mort	Il *a été fait mourir*,	Il *a été mis à mort*.	
Mort-née	Fille, œuvre mor*te*-née,	Fille, œuvre mor*t*-née.	
Moucher	*Moucher son nez*,	*Se moucher*.	
Mouchettes	*Une mouchette*,	*Des mouchettes*.	
Moudre	Ils *moudent*, nous *moulerons*,	Ils *moulent*, nous *moudrons*.	
Moules	J'ai mangé de *bons* moules,	J'ai mangé de *bonnes* moules.	
Mousson	*Le* mousson s'élève,	*La* mousson s'élève.	Vents, saison des vents périodiques de la mer des Indes.
Moussu	Ce mur est *mousseux*,	Ce mur est *moussu*.	
Mouvoir	Il se *mouvoira* peut-être,	Il se *mouvra* peut-être.	
Multiplicité	La multi*plication* des ordres peut mettre la confusion dans une armée,	La multi*plicité* des ordres peut mettre la confusion dans une armée.	
Mûrir	Ces fruits ne *meuri*ront pas,	Ne *mû*riront pas.	
Muselière	Mettre un *museau* à un chien,	...une *muselière* à un chien.	

N	Ne dites pas	Dites	OBSERVAT.
Nacre	*Du* nacre,	*De la* nacre.	
Nage	Je suis tout *à la* nage,	Je suis tout *en* nage (sueur).	
Narcisse (fleur)	*Une* narcisse,	*Un* narcisse.	On dit aussi: *Un narcisse*, d'un homme qui se croit beau comme le *Narcisse* de la Fable.
Ne	Il y a un an que je ne vous *ai pas* vu,	Il y a un an que je ne vous *ai* vu.	
	Pas vrai ?	*N'est-il pas* vrai ?	
	Est-il pas venu ?	*N'est-il* pas venu ?	
Néanmoins	Il a réussi *tout de même*,	*Néanmoins, cependant* il a réussi.	
N'est-ce pas ?	*Est-ce pas ? non pas ?*	*N'est-ce pas ? n'est-il pas vrai ?*	
Neuf, nouveau	Il vient de paraître un livre *neuf*,	Il vient de paraître un livre *nouveau*.	
	Je mettrai dimanche un habit *nouveau*,	Je mettrai dimanche un habit *neuf*.	
Ni	Ni l'un ni l'autre *n'ont* réussi,	Ni l'un ni l'autre *n'a* réussi.	
	Ce ne sera ni Paul ni Auguste qui *seront nommés* préfet de ce département,	Ce ne sera ni Paul ni Auguste qui *sera nommé* préfet de ce département.	Dans un département on ne peut nommer qu'un préfet.
	Ni la prière ni la menace n'y *put* rien,	Ni la prière ni la menace n'y *purent* rien.	
Nitouche	Sainte m*itouche*,	Sainte n*itouche*.	
Nonobstant	Elle est venue dîner *malgré* la pluie,	Elle est venue dîner *nonobstant* la pluie.	
Non-seulement	Non-seulement ce sont ses richesses, mais encore son mérite qu'on a recher*chés*,	Non-seulement ce sont ses richesses, mais encore son mérite qu'on a recher*ché*.	
	Non-seulement toutes ses richesses, mais toute sa vertu *se sont* évanouies,	Non-seulement toutes ses richesses, mais toute sa vertu *s'est* évanouie.	

N	**Ne dites pas**	**Dites**	OBSERVAT.
Nouveau	Je ne sais rien de *neuf*,	Je ne sais rien de *nouveau*.	
Nouveau-nés	Des nouv*eaux*-nés,	Des nouv*eau*-nés.	(*Nouvellement nés.*) On dit aussi : Une fille *nouveau-née*; mais on dit : *Des nouveaux venus.*
Noyé	Il est *neyé*,	Il est *noyé*.	
Nu	Ne marchez pas *nus*-pieds; ne sortez pas *nue*-tête,	Ne marchez pas *nu*-pieds; ne sortez pas *nu*-tête.	
Nui	Elles se sont *nuies*,	Elles se sont *nui*.	
O			
Oasis	*Un vert* oasis,	*Une verte* oasis.	
Obélisque	C'est *une belle* obélisque.	C'est *un bel* obélisque.	
Obligé (être)	L'amitié *est obligée* d'être constante.	L'amitié *doit être* constante.	*Être obligé*, ne marquant qu'un devoir moral, se dit seulement des personnes.
Observer	Je vous *observe* que vous êtes dans l'erreur,	Je vous *fais observer*, etc.	
Obstination	Quelle *os*tination !	Quelle *obs*tination !	
Obturation	Le médecin lui a fait une ob*d*uration à la voûte du palais,	Le médecin lui a fait une ob*t*uration à la voûte du palais.	
OEuvre	Des hors-d'œuv*res*,	Des hors-d'œuv*re*.	
	Des ch*ef*-d'œuv*res*,	Des ch*efs*-d'œuv*re*.	
	La charité inspire à ma sœur toutes ses bonnes *actions*,	La charité inspire à ma sœur toutes ses bonnes *œuvres*.	Les bonnes *actions* sont inspirées par un principe *général* de vertu.
	L'œuvre de Beethoven est recher*chée*,	L'œuvre de Beethoven est recher*ché*.	
OEil			OEil-de-bœuf, fenêtre ronde ou ovale. Dans cette acception, l'on dit au pluriel : *des œils-de-bœuf;* on dit aussi : *œils du bouillon*, *œils du fromage*, *œils-de-perdrix* (espèce de cors aux pieds).
Office	Elle a une petite cuisine et *un grand* office,	Elle a une petite cuisine et *une grande* office.	
Ogives	D'élé*gants* ogives,	D'élé*gantes* ogives.	
Ombreux-se	Forêt *ombrageuse*,	Forêt *ombreuse*.	
Offre	*Un bel* offre,	*Une belle* offre.	
Ongle	Ongles trop *longues*,	Ongles trop *longs*.	
Onze	*L'onze, l'onzième*,	*Le onze, le onzième*.	

O	Ne dites pas	Dites	OBSERVAT.
Oranger	Fleur d'*orange*,	Fleur d'*oranger*.	
Orchestre	*Une bonne* orchestre,	*Un bon* orchestre.	
Ordre	Rétablir le *désordre*,	Rétablir *l'ordre*.	*Rétablir* le désordre serait le faire renaître.
Organe	*Une belle* organe,	*Un bel* organe.	
Orge	De *beaux* orges.	De *belles* orges,	Orge n'est masculin que quand il est question de l'orge *mondé*.
Orgue	*Une* orgue excellente Des orgues parfai*ts*,	*Un* orgue excellen*t*. Des orgues parfai*tes*.	
Orient			En astronomie, on dit *Orient* ; on dit *Levant* en géographie, et *Est* en météorologie.
Ornemaniste	Un orne*mentiste*,	Un orne*maniste*.	
Orthographier	Cette page est mal or*t*ograp*hée*,	Cette page est mal or*th*ograp*hiée*.	
Oser	Si tu *t'avises* de le frapper!	Si tu *oses* le frapper.	
Oter	*Défaire* son habit,	*Oter*, *quitter* son habit.	Défaire son habit serait le découdre.
Ou	Il y avait sept *à* huit femmes dans cette assemblée,	Sept *ou* huit femmes.	Sept *à* huit femmes signifierait sept femmes et une fraction, ce qui serait absurde.
Où	J'irai le trouver *là où* il dîne,	J'irai le trouver *où* il dîne.	
Oublie	A la fête de Vincennes, les enfants ont mangé d'excel*lents* oubl*is*,	A la fête de Vincennes, les enfants ont mangé d'excel*lentes* oubl*ies*.	
Oublié	Les leçons que tu as ou*bliées* d'apprendre,	Les leçons que tu as ou*blié* d'apprendre.	
Ouïe	Avoir l'ouïe *fin*,	Avoir l'ouïe *fine*.	
Ouïr	J'ouïs, tu ouïs, il ouït, j'ouïrai,	J'*ois*, tu *ois*, il *oit*, j'*oirai*.	Mais ce verbe n'est usité qu'à l'infinitif: *Ouïr des témoins*. On dit aussi *ouï dire* (avoir entendu dire).
Outrageant, outrageux	Cet homme est outra*geant*, il m'a dit des paroles outra*geuses*,	Cet homme est outra*geux*; il m'a dit des paroles outra*geantes*.	
Outre	*Outre de* cela,	*Outre* cela.	
Ouvrable	Un jour *ouvrier*	Un jour *ouvrable*.	
Ove	*Une* ove,	*Un* ove.	

173	174	175	176
P	**Ne dites pas**	**Dites**	OBSERVAT.
Paillet	Du vin pail*lé*,	Du vin pail*let*.	
Pain	Pain *enchanté*,	Pain à *chanter*.	Le pain à *chanter* se dit de l'hostie non consacrée ; le pain *à cacheter* sert à sceller les lettres
Palefrenier	C'est là votre pale*fermier*,	C'est là votre *palefrenier*.	
Palisser	Palis*sader* des pêchers,	Palis*ser* des pêchers.	
Panégyrique	Un long panég*é*rique,	Un long panég*y*rique	
Panicule	Ces fleurs forment de jo*lies* panicules,	Ces fleurs forment de jo*lis* panicules.	(Bouquets.)
Panser	P*en*sez mon cheval, ma blessure,	P*an*sez mon cheval, ma blessure.	
Pantomime	L'intéressante panto*mine*,	L'intéressante panto*mime*.	
Papilloter	Ses yeux papillotent,	Ses yeux *lui* papillotent.	
Par	Ma malle est arrivée *avec* la diligence, Il se distingue par son génie et sa bonté,	Ma malle est arrivée *par* la diligence. Il se distingue par son génie et *par* sa bonté.	La particule *par* se repète quand les deux substantifs n'offrent pas une idée analogue.
Parafe	*Une* parafe,	*Un* parafe.	
Parallaxe	*Un* parallaxe,	*Une* parallaxe.	
Parallèle	Sous *la* parallèle de Londres, Tirez *un* parallèle à cette ligne,	Sous *le* parallèle de Londres. Tirez *une* parallèle à cette ligne.	(Cercle parallèle.) (ligne.)
Parapet	Ne monte pas sur le para*pel*,	Ne monte pas sur le para*pet*.	
Parce que	*Par rapport que*,	*Parce que*.	
Pardon	Pardon-excuse !	Pardon !	
Pardonner	Pardonner quelqu'un,	Pardonner *à* quelqu'un.	

P	Ne dites pas	Dites	OBSERVAT.
	La mort ne pardonne personne,	La mort ne pardonne *à* personne.	
Parfaitement	Il a exécuté cette sonate *au parfait*,	Il a exécuté *parfaitement* cette sonate.	
Pari	Une *pariure*,	Un *pari*.	
Parier	J'oserais parier *pour cent* francs,	J'oserais parier *cent* francs.	
Parlé	Vous vous êtes par*lés* souvent,	Vous vous êtes par*lé* souvent.	
Parler	Le *parlement* (quand il s'agit du langage)	Le *parler*.	
	C'est *lui*, ou c'est *à lui à qui* je parle ; c'est *de vous de qui* je parle,	C'est *à lui que* je parle ; c'est *de vous que* je parle.	
Paroi	A *ce* paroi du mur,	A *cette* paroi du mur.	
Participer	Participer *dans* une affaire,	Participer *à* une affaire.	(Prendre part à.)
	La chauve-souris participe *à* l'oiseau et *à* la souris,	La chauve-souris participe *de* l'oiseau et *de* la souris.	(Est de la nature de.)
Partisan	Elle en est parti*sane*,	Elle en est parti*san*.	
Partout	*Tout partout*,	*Partout*.	
Passante (rue)	Une rue *passagère*,	Une rue *fort fréquentée*.	Quoique *passante* soit admis, il ne vaut guère mieux que *passagère*.
Passé	Après quatre heures de la nuit pas*sée* à la chasse,	Après quatre heures de la nuit pas*sées* à la chasse.	
Passé	Après trois semaines de ce mois pass*é* en amusements,	Après trois semaines de ce mois pass*ées* en amusements.	
	Elle *est passée* devant la maison,	Elle *a passé* devant la maison.	
	Cette pauvre femme est bien vieille, elle *a passé*,	Cette pauvre femme est bien vieille : elle *est passée*.	
Passoire	*Un* passoir,	*Une* passoire.	
Patère	*Un* patère,	*Une* patère.	

P	Ne dites pas	Dites	OBSERVAT[…]
Pause, pose			*Pause* v[…] dire : ten[…] d'arrêt; *po*[…] est synony[…] d'attitude.
Patenôtre	*Un* pate*note*,	*Une* pate*nôtre* (prière).	
Peau	Elle *est noire de peau*,	Elle *a la peau noire*.	
Pêcher	Un beau *péchier*,	Un beau *pêcher*.	
Pécher, pêcher			*Pécher*, c'[…] commettre [...] péchés (un [...] cheur); *pêch*[…] c'est pren[…] du poisson [...] pêcheur).
Pendant	Travaillez *durant* que vous êtes jeune,	Travaillez *pendant* que vous êtes jeune.	
Pendule	*Une* pendule (en parlant du poids oscillant adapté à la pendule),	*Un* pendule.	
Pénombre	*Le* pénombre,	*La* pénombre.	
Penser	Telle est ma façon de *pensée*,	Telle est ma façon de *penser*.	
Pépie	Votre serin a la *pipie*,	Votre serin a la *pépie*.	
Perce-neige	*Un* perce-neige,	*Une* perce-neige.	Fleur d'hi[…] qui pousse s[…] la neige.
Perclus	Cette femme *est perclue*,	Cette femme est *percluse*.	
Perdre	Cet homme *est quitte de* sa place,	... a *perdu* sa place.	*Quitte* sig[…] fie libéré, [...] livré, déb[…] rassé de...
Père, mère	*Ses* père *et* mère,	*Son* père *et sa* mère.	
Période	*La* dernière période de sa colère.	*Le* dernier période de sa colère.	*Période*, m., le plus h[…] point; espa[…] de temps v[…] gue.—*Pério*[…] s. f., révolut[…] d'un astre, m[…] sure de tem[…] phrase com[…] sée de plusie[…] membres.—[…] dit : *le* péri[…] de sa gloire, [...] *une* période [...] l'histoire.
	Le période d'une planète ou d'un discours.	*La* période d'une planète ou d'un discours.	
Persifler	Ne le persi*ffl*ez donc pas!	Ne le persi*fl*ez donc pas.	
Persuadé	Ils s'étaient persua*dés* qu'on n'oserait les contredire,	Ils s'étaient persuad*é* qu'on n'oserait les contredire.	
Pesé	Les cent kilos que ce ballot a pes*és*,	Les cent kilos que ce ballot a pes*é*.	Mais on d[…] Les ballots [...]

P	Ne dites pas	Dites	OBSERVAT.
Pétale	*Une* pétale,	*Un* pétale.	j'ai pe*sés*. (V. *que* relatif.)
Petit	Mes serins ont des *jeunes*,	Mes serins ont des *petits*.	
Peu	Un *petit peu*,	Un *peu*.	
	Cette table est *une idée* plus grande,	...est *un peu*, est *tant soit peu* plus grande.	
	Ouvrez *un peu* la fenêtre,	Ouvrez la fenêtre.	
	Le peu de capacité que j'ai ac*quis*,	Le peu (quantité) de capacité que j'ai acqu*ise*.	
	Le peu d'instruction qu'il a *eue* le fait errer,	Le peu (insuffisance) d'instruction qu'il a *eu* le fait errer.	
Pied	*Les pieds* de l'échafaud, du trône, de la montagne,	*Le pied* de l'échafaud, etc.	*Le pied* veut dire le bas; les *pieds* indiquent les supports.
Pie-grièche	Une *pig*rièche,	Une *pie*-grièche.	
Pierre (de liais)	La pierre de *lierre*,	La pierre de *liais*.	
Pimprenelle	De la pimp*er*nelle,	De la pimp*re*nelle.	
Pincettes	Des *épincettes*, *la* pincette,	Des *pincettes*, *les* pincettes.	
Pis	Tant *pire*, de mal en *pire*, de *pire* en *pire*; il va *pire*,	Tant *pis*, de mal en *pis*, de *pis* en *pis*, il va *pis*.	
Pivoine	*Une* pivoine,	*Un* pivoine (oiseau).	*Pivoine*, oiseau, est masculin; *pivoine*, plante, est féminin.
Place	Si j'étais *de vous*,	Si j'étais *à votre place*.	
Plain	De *plein* pied, *plein* chant,	De *plain*-pied, *plain*-chant.	Mais on écrit: terre-*plein*.
Plaindre	Se *faire mal* de quelqu'un,	*Plaindre* quelqu'un, en *avoir pitié*.	
Plaindre (se)	Ils se sont *plaint*; elle s'est *plaint*,	Ils se sont *plaints*; elle s'est *plainte*.	
	*Qu'*avez-vous à vous plaindre?	*De quoi* avez-vous à vous plaindre?	

P	Ne dites pas	Dites	OBSERVAT.
Plaindre(se)	Vous avez tort de vous plaindre *de ce que* je vous ai trompé,	Vous avez tort de vous plaindre *que* je vous ai trompé.	*De ce que je vous ai trompé* est avouer que j'ai trompé
Plaire	*S'il vous plaît?*	*Plaît-il?*	Dans le sens d'interrogation
Planchéier	Une salle *planchée,*	Une salle *planchéiée.*	
Plane	Un *couteau à deux mains,*	Une *plane.*	
Plants	Mes beaux *plans* d'asperges,	Mes beaux *plants* d'asperges.	On dit les *plans* d'architecture.
Platine	*La* platine est le plus pesant des métaux,	*Le* platine est le plus pesant des métaux.	Mais on dit : la platine d'une presse, d'un fusil. On dit au figuré la platine d'un bavard.
Pléonasmes	*C'est assez suffisant,*	*C'est suffisant.*	
	Dépêchez-vous vite,	*Dépêchez-vous.*	
	Descendez *en bas,*	Descendez.	
	Montez *là-haut,*	Montez.	
	Prévoir d'avance,	*Prévoir.*	
	Reculer en arrière,	*Reculer.*	
Pleurésie	Il est mort d'une *plu*résie,	... d'une *pleu*résie.	
Plier, ployer	*Ployons* cette étoffe, *pliez* cette branche,	*Plions* cette étoffe, *ployez* cette branche.	*Plier*, quand il y a adhérence; *ployer*, quand il y a espace.
Plu	Elle s'est *plue*, ils se sont *plus* à nous tourmenter,	Elle s'est *plu*, ils se sont *plu* à nous tourmenter.	
Plus	Il a *davantage* d'instruction que son frère.	Il a *plus* d'instruction que son frère.	(V. *Davantage.*)
	Les plus adroitement bâtis,	*Le* plus adroitement bâtis.	
	Ceci est *plus* essentiel,	Ceci est *essentiel.*	*Essentiel, extrême, excellent, divin, parfait, mortel, éternel universel* sont des adjectifs absolus qui excluent toute comparaison.

P	Ne dites pas	Dites	OBSERVAT.
Plus tôt, plutôt			*Plus tôt* est l'opposé de *plus tard* : je suis arrivé *plus tôt*. *Plutôt* exprime une idée de préférence. J'irai chez vous *plutôt* que d'aller chez lui.
Poignée, Poignet	Une *pognée*, un *pognet*,	Une *poignée*, un *poignet*.	
Polissure	Il excelle dans le *polissage* de ces métaux,	Il excelle dans la *polissure* de ces métaux.	
Pomme	Le *pommeau* d'une canne,	La *pomme* d'une canne.	On dit le *pommeau* d'une épée.
Pont	J'ai *traversé* le pont,	J'ai *passé* le pont.	
Porte-clefs	Des port*es*-clefs,	Des port*e*-clefs.	
Portée	Mettre à même de...,	Mettre à portée de...	
Porter (se)	Comment *vous va ?*	Comment *vous portez-vous ?*	
	Madame *** *est* bien portante,	Madame *** *se* porte bien.	
Potable	Cette eau n'est pas *buvable*,	Cette eau n'est pas *potable*.	
Potence	On a dressé le *gibet* pour ce fameux voleur,	On a dressé la *potence* pour ce fameux voleur.	On condamne au *gibet*, et l'on dresse la *potence*.
Potiron	Manger du *poturon*,	Manger du *potiron*.	
Pour	Le vin est fait pour *boire*,	Le vin est fait pour *être bu*.	
Pourboire	Des pourboire,	Des pourboir*es*.	
Pourvu que	*Moyennant* que,	*Pourvu* que.	
Poussière	J'ai une *poussière* dans l'œil,	J'ai un *grain de poussière* dans l'œil.	
Prédit	La famine arriva ainsi que Joseph l'avait pré*dite*,	La famine arriva, ainsi que Joseph l'avait pré*dit*.	
Prémisses	Voilà les pré*mices* de mon syllogisme,	Voilà les prémi*sses* de mon syllogisme.	*Prémices* veut dire premiers fruits de la terre.
Prendre garde	Prenez garde *de ne pas* tomber,	Prenez garde *de* tomber.	Deux négations valent une affirmation après le verbe : *Pren-*
Prérogatives	Elle doit ces *privilèges* à sa naissance,	Elle doit ces *prérogatives* à sa nais-	

P	Ne dites pas	Dites	OBSERVAT.
	et son mari doit ses *prérogatives* aux charges qu'il remplit,	sance, et son mari doit ses *priviléges* aux charges qu'il remplit.	*dre garde*, *craindre*, *défendre*, etc.
Près, auprès	Il est toujours *près* d'elle. Ma sœur demeure *auprès* des Tuileries,	Il est toujours *auprès* d'elle. Ma sœur demeure *près* des Tuileries.	
	Assieds-toi *contre* moi,	Assieds-toi *près* de moi.	
Près de, prêt à	Elle est *prête* à mourir,	Elle est *près de* mourir.	*Prêt à* signifie disposé à, préparé à; *près de* signifie sur le point de.
Présent, don	L'évêque a fait un beau *cadeau* à cette église,	L'évêque a fait un beau *don* (ou *présent*) à cette église.	Un *cadeau* est un petit présent.
Presque	Un ouvrage *quasiment* achevé,	Un ouvrage *presque* achevé.	
Prêter	*Prendre* attention,	*Faire* attention, *prêter* attention.	
Prétexte	C'est un pré*texe*,	C'est un pré*texte*.	
Prévu	Les réponses que j'avais prév*ues* qu'on vous ferait,	Les réponses que j'avais prév*u* qu'on vous ferait.	Le participe entre deux *que* est toujours invariable.
Prie-Dieu	Trois prie*s*-Dieu,	Trois pri*e*-Dieu.	
Prisonnier	On a *pris* beaucoup de prisonniers,	On a *fait* beaucoup de prisonniers.	
Prochain	La semaine *qui vient*,	La semaine *prochaine*.	
Promener (se)	Je vais *promener*,	Je vais *me promener*.	On *promène* un enfant, un vieillard, mais on se *promène*.
Prophétiser	Isaïe a *deviné* l'avenir,	Isaïe a *prophétisé*; ou, a *prédit* l'avenir.	La *divination* ne s'applique qu'au présent et au passé.
Proportionnément	Proportion*nelle*ment à,	Proportion*né*ment à.	
Proposer (se)	Ils se sont propos*és* *de* l'accompagner,	Ils se sont propos*é* *de* l'accompagner.	Mais on dirait : Ils se sont *proposés*

201	202	203	204
P	**Ne dites pas**	**Dites**	OBSERVAT.
Pu	Ce matelot a sauvé tous les passagers qu'il a *pus*,	Ce matelot a sauvé tous les passagers qu'il a *pu* (sauver).	(ils ont proposé eux) *pour* l'accompagner.
Pulmonique	*Pou*monique,	*Pul*monique.	
Q			
Quadrille	*Une* quadrille.	*Un* quadrille.	
Quant	*Tant qu'à* moi, quand à ce que j'ai dit,	*Quant à* moi, quan*t* à ce que j'ai dit.	
Quantième	*Le combien* du mois *sommes-nous ?*	*Quel quantième* du mois *avons-nous ?* Quel est le quantième du mois?	
Quatre-vingts	Quatre-vin*gt* tirailleurs,	Quatre-ving*ts* tirailleurs.	Mais on écrit: *quatre-vingt-six.*
Que	Il est aussi grand *comme* moi, Il ne sait *quoi* faire *avec* cela, C'est là *où* je l'ai vu, Ce n'est pas de cela *dont il* s'agit, C'est à vous *à qui* je veux parler,	Il est aussi grand *que* moi. Il ne sait *que* faire *de* cela. C'est là *que* je l'ai vu. Ce n'est pas de cela *qu'il* s'agit. C'est à vous *que* je veux parler.	
Que (relatif)	Les livres *que* j'ai étud*ié*,	Les livres *que* j'ai étud*iés*.	(*Lesquels* j'ai *étudiés*.)
Quel, quelle	*Tel* qu'il soit, *telle* qu'elle soit,	*Quel* qu'il soit, *quelle* qu'elle soit.	
Quelque	*Quelque* soit sa beauté, Quel*ques* séduisantes que soient ces propositions, Il y a déjà quel*ques* vingt ans, Quel*que* raisons que vous puissiez me dire.	*Quelle que* soit sa beauté. Quel*que* séduisantes que soient ces propositions. Il y a déjà quel*que* vingt ans (environ). Quel*ques* raisons que vous puissiez me dire.	(Suivi d'un verbe.) (Avec un adjectif.) (Adverbe.) (Suivi d'un substantif.)

205	206	207	208
Q	**Ne dites pas**	**Dites**	OBSERVAT.
—	—	—	—
Quelquefois	*Il y a des fois que* cela arrive,	Cela arrive *quelquefois.*	
Querelle	*Chercher* quelqu'un,	*Chercher querelle* à quelqu'un.	
Qui	C'est moi qui *a*..., c'est moi qui *est*..., c'est nous qui *ont*..., c'est nous qui *sont*...,	C'est moi qui *ai*..., c'est moi qui *suis*, c'est nous qui *avons*..., c'est nous qui *sommes*...	
	C'est toi qui *a* fait,	C'est toi qui *as* fait.	
	Le peu *qu'il* me reste de bien,	Le peu *qui* me reste de bien.	
Quincaillier	Un *clincailler*,	Un *quincaillier.*	
Quitte	Je *lui ai* quitté *ce* qu'il me devait,	Je *l'ai tenu* quitte *de ce* qu'il me devait.	
Quoique	*Malgré qu'il n'est* pas riche, il est généreux,	*Quoiqu'il ne soit* pas riche, il est généreux.	(V. *Malgré.*)
	Quoiqu'il dise, *quoiqu'il* en soit.	*Quoi qu'il* dise, *quoi qu'il* en soit.	(En deux mots.)
R			
Rachitique	Vieillard ra*ché*tique,	Vieillard ra*chi*tique.	
Rafale	De grandes ra*ff*ales,	De grandes ra*f*ales.	(Un seul *f.*)
Ragaillardir	Ce vin va me *re*gaillardir,	Ce vin va me *ra*gaillardir.	
Rancunier	*Rancuneur, rancuneux-cuse,*	*Rancunier, rancunière.*	
Rappeler	Je ne me rappelle pas *de* cela,	Je ne me rappelle pas cela.	
	Vous *en* rappelez-vous,	Vous *le* rappelez-vous.	
	Se rappeler *d'une* chose,	Se rappeler *une* chose.	Se rappeler d'avoir vu, d'avoir fait une chose.
Rapport	*Rapport* à cela,	*Par rapport* à cela.	
Rebours	*A la* rebours,	*A* rebours, *au* rebours.	
Récépissé	Un *récipissé*,	Un *récépissé.*	
Réchapper	*Echapper* d'une maladie,	*Réchapper* d'une maladie.	

R	Ne dites pas	Dites	OBSERVAT.
Recouvrer	Il a recou*vert* la raison, la santé,	Il a recou*vré* la raison, la santé.	
Régals		Un régal, des rég*als*.	
Regarder	Plus je *fixe* cette dame, plus je la trouve jolie,	Plus je *regarde* cette dame, plus je *fixe mes regards* sur cette dame, etc.	*Fixer* quelqu'un, c'est le *rendre constant*.
	Cela ne *lui* regarde pas,	Cela ne *le* regarde pas.	
Réglisse	*Du* réglisse,	*De la* réglisse.	
Régné	Les dix ans qu'il a régn*és*,	Les dix ans qu'il a régn*é*.	
Reine-Claude	Une *reine-glaude*,	Une *reine-claude*.	
Relâche	*Le* relâche que nous avons *fait* au port de San-Francisco,	*La* relâche que nous avons *faite* au port de San-Francisco.	
Remémorer	Se remémor*ier*,	Se remémor*er*.	
Rémunérer	Je le *rénum*érerai,	Je le ré*mun*érerai.	
Renoncement, renonciation	Faire acte de renon*ciation* aux vanités du monde. Voici *mon* renon*cement* à tous mes droits,	Faire acte de renon*cement* aux vanités du monde. Voici *ma* renon*ciation* à tous mes droits.	
Répandre	Prenez garde de *renverser* cette eau,	Prenez garde de *répandre* cette eau.	
Repentir	*Être au* regret d'avoir commis une faute,	*Avoir* regret, se *repentir* d'une faute.	
	Je *m'ai* repenti,	Je *me suis* repenti.	
Répréhensible	Cet homme est *réprimandable*,	Cet homme est *répréhensible*.	
Réprimable	Abus *réprimandable*,	Abus *réprimable*.	
Réséda	*Résida*,	*Réséda*.	
Résonner	Comme cette voûte *ra*isonne !	Comme cette voûte *ré*sonne !	
Résoudre	*Soudre* un problème,	*Résoudre* un problème.	*Soudre* ne se dit plus.

R	Ne dites pas	Dites	OBSERVAT.
Ressembler	Ressembler *quelqu'un*,	Ressembler *à quelqu'un*.	
Ressemblé	Elles ne se sont jamais ressem*blées*,	Elles ne se sont jamais ressem*blé*.	
Ressortir	Cette affaire *ressort du* juge de paix,	Cette affaire *ressortit au* juge de paix.	
	On ne se douterait pas que l'imprimerie impériale *ressort du* ministère de la justice,	On ne se douterait pas que l'imprimerie impériale ressor*tit du* ou *au* ministère de la justice.	
Rétracter	Il *s'est dédit* de son serment,	Il *a rétracté* son serment.	
Retrancher	J'ai retranché une scène *à* ma comédie,	J'ai retranché une scène *de* ma comédie.	Mais on dira: Le docteur retranche le vin *à* ce malade.
Réunir	Réunir le mérite *à* la modestie ; unir le mérite *et* la modestie,	Réunir le mérite *et* la modestie ; unir le mérite *à* la modestie.	*Réunir* veut *et*; *unir* veut *à*. (NOEL et CHAPSAL.)
Revancher	Je vous *revengerai*,	Je vous *revan*che*rai*.	
Réveille-matin	Des ré*veils*-mat*in*,	Des réve*ille*-mat*in*.	
Revenir	*J'ai* revenu,	*Je suis* revenu.	
Revoir (Au)	*A* revoir,	*Au* revoir.	
Ri	Ils se sont *ris* d'elle,	Ils se sont *ri* d'elle.	
Riche	Il est *fortuné*,	Il est *riche*.	*Fortuné* signifie *heureux*. C'est l'opposé d'*infortuné*.
Rien	Cela ne signifie *de rien*,	Cela ne signifie *rien*.	
Rouelle	Je prends de la *ru*elle de veau,	Je prends de la *rou*elle de veau.	
S			
Saigner	Saigner *au* nez, saigner *par le* nez,	Saigner *du* nez.	Au figuré : manquer de courage.
Saillir (qui avance)	Il sai*ll*ira,	Il sai*ll*era.	
Saillir (qui jaillit)	Je sai*lle*rai,	Je sai*lli*rai.	

R	Ne dites pas	Dites	OBSERVAT.
Salsifis	Mangeons des *cercifis*,	Mangeons des *salsifis*.	
Sandaraque	Passez-moi *le* sandarac,	Passez-moi *la* sandaraque.	
Sans	Je suis venu *sans* (en parlant de canne ou de tout autre objet)	Je suis venu *sans canne*, etc.	*Sans* doit toujours être suivi d'un régime.— *Sans que* (V. *Avant que*).
	On le voit toujours *à* rien faire,	On le voit toujours *à ne* rien faire.	
Santé	Il *jouit d'une* mauvaise santé,	Il *a une* mauvaise santé.	
Sarment	Débarrassez la vigne de son *ser*ment,	Débarrassez la vigne de son *sar*ment.	
Satellite	*Une* satellite,	*Un* satellite.	
Saucière	*Un* saucier,	*Une* saucière	
Sauf	*Sous* votre respect,	*Sauf* votre respect, *sauf* le respect que je vous dois.	
Saupoudrer	*Sou*poudrer,	*Sau*poudrer.	
Savoir	On fait *à* savoir,	On fait savoir.	
Scorsonère	Scors*onnelle*,	Scors*onère*.	Sorte de salsifis.
Seau	Remplis le *sciau*,	Remplis le *seau*.	
Sébile	La *sibille* du chien de l'aveugle,	La *sébile* du chien de l'aveugle.	
Second, secondaire	Se*g*ond, se*gon*daire,	*S*e*c*ond, se*con*daire.	Mais on prononce *segond*.
Seigneurie	*Seigneurerie*,	*Seigneurie*.	
Semoule	Servez la sem*ouille*,	Servez la sem*oule*.	
Sens	Cette émeute l'a mise *sans* dessus dessous,	Cette émeute l'a mise *sens* dessus dessous.	
Sentinelle	*Un* sentinelle,	*Une* sentinelle.	
Serre	La bêche et le râteau sont dans la *resserre*	La bêche et le râteau sont dans la *serre*.	
Seulement	Ce n'est *rien que pour* prendre l'air que je me promène,	C'est *seulement pour*, ce n'est *que pour* prendre l'air que je me promène.	
Si	Si *j'aurais*..., si je *pourrais*...,	Si *j'avais*..., si je *pouvais*...	

S	Ne dites pas	Dites	OBSERVAT.
Si	Vous êtes *si tellement* doué,	Vous êtes *si* doué.	
Soin	Être *fort curieux pour* les fleurs,	*Aimer beaucoup* les fleurs, en *prendre beaucoup de soin.*	
Solde	*Le* solde du soldat, *La* solde de ce compte	*La* solde du soldat. *Le* solde de ce compte	
Solécisme	Il *serait* bon que vous *veniez,*	Il *serait* bon que vous *vinssiez.*	
Solennel,	Fête sole*mn*elle,	Fête sole*nn*elle.	
Solennité	Grande sole*mn*ité,	Grande sole*nn*ité.	
Somme	Ne *dormir* qu'un somme,	Ne *faire* qu'un somme.	
Sortiléges	On ne croit plus aux sor*c*iléges,	On ne croit plus aux sor*t*iléges.	
Sortisse	J'entends que cette clause *sorte* son entier effet,	J'entends que cette clause *sortisse* son entier effet.	
Sottises	*Donner* des sottises à quelqu'un,	*Dire* des sottises à quelqu'un.	
Soucoupe	Un *dessous de tasse,* une *se*coupe,	Une *soucoupe.*	
Souquenille	Une sou*gu*enille,	Une sou*qu*enille.	
Souri	Ces deux petites filles se sont sou*ries,*	Ces deux petites filles se sont sour*i.*	
Sous-louer	J'ai *sur-loué* ma maison,	J'ai *sous-loué* ma maison.	
Soustraire	Nous sous*traisons,*	Nous sous*trayons.*	
Squelette	*Squelette* pour *cadavre,* et réciproquement.		Un *cadav* est un cor mort; un *squ lette* n'en c que la carca se.
Stalactites	De curi*eux* stalactites,	De curi*euses* stalactites.	
Statue	Une *es*tatue,	Une statue.	
Stentor	Voix de *centaure,*	Voix de *stentor.*	
Steppes	Les steppes désert*es* de la Russie,	Les steppes déser*ts* de la Russie.	
Substantiel	Un aliment substan*tieux,*	Un aliment substan*tiel.*	

S	**Ne dites pas**	**Dites**	OBSERVAT.
Suc	Le *sucre* d'une viande	Le *suc*, etc.	
Succéder (se)	Toutes les dynasties qui se sont succé*dées*,	Toutes les dynasties qui se sont succé*dé*.	
Succinct	Discours *bref*,	Discours *succinct*.	Le temps seul est *bref*.
Sucre	*Sucrez-vous*,	*Prenez du sucre*.	
Suffi	Ils se sont toujours suf*fis* à eux-mêmes,	Ils se sont toujours suf*fi* à eux-mêmes.	
Suffisamment	J'en ai suffi*sant*,	J'en ai suffi*samment*.	
Suivé	Le fabricant de chandelles est tout *suiffé*,	Le fabricant de chandelles est tout *suivé* (enduit de suif).	
Suivre	Il *s'ensuit* de là que...,	Il *suit* de là que...	
	Ce chien m'a *sui* partout,	Ce chien m'a *suivi* partout.	Il en est de même du verbe *poursuivre*.
Sujétion	Les petits soins de tous les jours sont *un* véritable *assujettissement*,	Les petits soins de tous les jours sont *une* véritable *sujétion*.	Mais on est *assujetti* aux bienséances.
	Quelle suj*es*tion !	Quelle suj*é*tion !	
Supérieurement	Supérieurement *bien* parlé (pléonasme),	Supérieurement parlé.	
Sur, sous	*Dessous* la table, *dessus* le comptoir,	*Sous* la table, *sur* le comptoir.	
Susceptible	Propos *capable* de nuire,	Propos *susceptible* de nuire.	Les hommes sont capables de... Les choses sont susceptibles de...
Sustenter	*Substan*tez-vous,	*Susten*tez-vous.	
T			
Tableau	Un beau *cadre* (peinture),	Un beau *tableau*.	Le cadre entoure seulement le tableau.
Taie d'oreiller	*Toile* d'oreiller, *tête* d'oreiller,	*Taie* d'oreiller.	
Taillandier	Quel bruit fait ce *talan*dier !	Quel bruit fait ce *tail*landier !	

T	Ne dites pas	Dites	OBSERVAT.
Tant	Je ne puis plus marcher, *à force que* je suis fatigué,	Je ne puis plus marcher, *tant* je suis fatigué.	
Tarte	Mangeons de la tar*tre*	Mangeons de la tar*te*.	Mais on dit La crème de *tartre* (produit chimique).
Témoin	Je vous ai tous pris à tém*oins*,	Je vous ai tous pris à tém*oin*.	(En témoignage.) Mais on dira : Dans ce duel, je les ai pris pour *témoins*.
	Tém*oins* nos services	Tém*oin* nos services.	
Tellement	Le vent est *si tellement* violent, qu'il rompt tous les arbres (pléonasme),	Le vent est *si* violent, ou, est *tellement* violent, qu'il rompt tous les arbres.	
Temple	*L'église* des protestants,	Le *temple* des protestants.	
Temps	Je vais partir *quant et* lui,	Je vais partir *en même temps* que lui.	
Tendreté	*Tendresse* de la viande,	*Tendreté* de la viande	
Tentacules	Les *longues* tentacules de ces mollusques,	Les *longs* tentacules de ces mollusques.	
Tentant	Ce plaisir est *tentatif*,	Ce plaisir est *tentant*.	
Théologien	Bossuet est un *fameux* théologien,	Bossuet est un *grand* théologien.	
Tissu-ue	Cette toile est bien tiss*ée*,	Cette toile est bien tiss*ue*.	
Tomber	Il *fait* de la pluie,	Il *tombe* de la pluie.	
	J'ai tombé,	*Je suis* tombé.	Tomber *par terre* se dit de ce qui *touche à la terre*; tomber *à terre* de ce qui *n'y touche pas*.
Ton	C'est une dame du bon *genre*,	C'est une dame du bon *ton*.	
Toton	Fais tourner le *tonton*,	Fais tourner le *toton*.	
Tout	Cette pauvre enfant est *toute* en larmes,	Cette pauvre enfant est *tout* en larmes.	
Tout de suite	Venez *de suite*, l'affaire presse,	Venez *tout de suite*, etc.	*Tout de suite*, c'est sur-le-champ; *de suite* signifie sans interruption.
Tramontane	Le pilote perd la *trémontade*,	Le pilote perd la *tramontane*.	

T	Ne dites pas	Dites	OBSERVAT.
Tranche	Un' *chiffon* de pain,	Un *morceau* de pain.	
Transfuge	C'est un *déserteur*, il passe à l'ennemi,	C'est un *transfuge*, il passe à l'ennemi.	Un *déserteur* quitte ses drapeaux sans passer à l'ennemi.
Transvaser	*Transvider*,	*Transvaser*.	
Travails (de maréchal ferrant)	Soulevez ces chevaux avec vos trav*aux*,	Soulevez ces chevaux avec vos trav*ails*.	
Travers (à, au)			On dit : *à travers le, la, les....*; et : *au travers du, de la, des...*
Traverse	Un chemin de *travers*,	Un chemin de *traverse*.	
Trépied	Apportez le *trois-pied*,	Apportez le *trépied*.	
Très-bien	Vous vous exprimez *des mieux*,	Vous vous exprimez *très-bien*.	
Tressaillir	Je tressail*lirai*,	Je tressail*lerai*.	
Tri, triage	Faire le *tray*age des lettres,	Faire le *tri* ou le *tri*age des lettres.	
Tricheur	Vous êtes un *trichard*,	Vous êtes un *tricheur*.	
Tringle	La trin*gue* est trop courte,	La trin*gle* est trop courte.	
Trivial	Des discours trivi*als*,	Des discours tri*viaux*.	On dit aussi: brutal, *brutaux*.
Trombone	Jouer *de la* trombone	Jouer *du* trombone.	
Trumeau	Les *trimeaux* de cette maison sont trop étroits,	Les *trumeaux*, etc.	
Tu (taire)	Nous nous sommes *tu*.	Nous nous sommes *tus*.	
U			
Ulcère	*Une* ulcère,	*Un* ulcère.	
Un	Je *n'en ai* qu'un seul *d'ami*,	Je *n'ai* qu'un seul *ami*.	
	J'ai vu *l'un* de vos cousins,	J'ai vu *un* de vos cousins.	Mais on dira: *L'une* des trois Parques; *l'une* des neuf Muses, parce que le nombre est déterminé.
Un, autre	L'une et l'autre ré*gions*,	L'une et l'autre ré*gion*.	
Uniforme	*Une* uniforme,	*Un* uniforme.	

U	Ne dites pas	Dites	OBSERVAT.
User	Ce drap est d'un bon *usage*,	Ce drap est d'un bon *user*.	
Ustensile	*Une* ustensile,	*Un* ustensile.	
V			
Va	Va-t-en,	Va-t'en.	(Avec l'apo strophe.)
Valoir	Il *faut* mieux être trompé que de tromper,	Il *vaut* mieux être trompé que de tromper.	
Valu	Cette bataille lui a valu*e* le bâton de maréchal.	Cette bataille lui a valu le bâton de maréchal.	*Valu* et *coû* cessent d'êtr invariables quand ils sign fient procur et rapporter.
	Les honneurs que m'a valu mon habit.	Les honneurs que m'a valu*s* mon habit.	
Vantail		Un van*tail*, des van*taux*.	Mais on d des *éventail*
Variation, variété	La *variété* du temps,	La *variation* du temps.	(Changement
	La *variation* des couleurs,	La *variété* des couleurs.	(Diversité.)
Vasistas	Ouvrez le va*gis*tas,	Ouvrez le va*sis*tas.	
Vedette	Ce soldat à cheval est en *sentinelle*,	Ce soldat à cheval est en *vedette*.	Les *sentine les* sont à pie
Venimeux, vénéneux			*Venimeux* s dit des an maux, *vén neux* se dit d plantes.
Venir	*J'ai* venu,	*Je suis* venu.	
	Votre frère *a été* ici hier,	Votre frère *est venu* ici hier.	
	Venez *un peu ici*,	Venez *ici*.	On ne peu venir ni *peu* *beaucoup*.
Vêpres	Aller *aux* vêpres,	Aller *à* vêpres.	
Vers	Se retourner *sur* quelqu'un,	Se retourner *vers* quelqu'un.	
Verser	*Vider* de l'eau dans un vase,	*Verser* de l'eau dans un vase.	
Verso	Le *revers* de la page,	Le *verso* de la page.	La premièr page du feui let se nomm le *recto*.
Vertige	*Tournement* de tête,	*Vertige*.	
Vésicatoire	Un *vessi*catoire lui est nécessaire,	Un *vési*catoire lui est nécessaire.	
Vêtir	Je *vêtis*, tu *vêtis*, etc.	Je *vêts*, tu *vêts*, etc.	

241	242	243	244
V	**Ne dites pas**	**Dites**	OBSERVAT.
Vexant	C'est *tannant*,	C'est *vexant*, *contrariant*.	
Vide	Une bouteille *vuide*,	Une bouteille *vide*.	
ille (à la), (en)			Être *à la* ville signifie qu'on n'est pas à la campagne; et être *en* ville, qu'on n'est pas au logis.
ingt et un	Vous avez vingt et un *an* passé, *accompli*,	Vous avez vingt et un *ans passés*, accom*plis*.	
Violoniste	Paganini était un grand *violiniste*,	Paganini était un grand *violoniste*.	
Vis	Une visse,	Une *vis*.	
ivre, vécu	Les dix années que j'ai *vécues*,	Les dix années que j'ai *vécu*.	(Pendant lesquelles.)
Vœu	*Exécuter* un vœu,	*Accomplir* un vœu.	
oici, voilà	*Voilà* ce que vous allez dire; *voici* ce que vous avez fait,	*Voici* ce que vous allez dire; *voilà* ce que vous avez fait.	Voici (le plus près). Voilà (le plus éloigné).
	Le voilà *qu'il* vient,	Le voilà *qui* vient	
Vole	J'ai fait la *volte*,	J'ai fait la *vole*.	
Voler	Ce forçat m'a *dérobé* ma valise à main armée,	Ce forçat m'a *volé* ma valise à main armée.	Mais on dirait : Au musée, un filou m'a *dérobé* (*furtivement*) mon mouchoir, ma montre.
Volume, tome	Cet ouvrage est en *un tome* et *deux volumes*,	Cet ouvrage est en *un volume* et *deux tomes*.	C'est la reliure qui sépare les *volumes*, et la division de l'ouvrage qui distingue les *tomes*.
Voulu	Tu as dit tous les mensonges que tu as vou*lus*,	Tu as dit tous les mensonges que tu as vou*lu* (dire).	
Vu	Je les ai *vu* dépérir,	Je les ai *vus* dépérir.	
	Ils se sont *vus* maltraiter,	Ils se sont *vu* maltraiter.	
	Les insurgés que j'ai *vu* arriver et que vous avez *vus* conduire en prison,	Les insurgés que j'ai *vus* arriver et que vous avez *vu* conduire en prison.	
	Cette dame peint très-bien, je l'ai *vu* peindre,	Cette dame peint très-bien, je l'ai *vue* peindre.	

V	Ne dites pas	Dites	OBSERVAT.
	Ma sœur se fait peindre, je l'ai *vue* peindre,	Ma sœur se fait peindre, je l'ai *vu* peindre.	
Vue	*Basse vue,*	*Vue basse, myopie.*	
	Longue vue (si ce n'est pour lorgnette),	Vue longue.	(Qui voit de loin.)

FIN.

PARIS.—IMPRIMERIE BONAVENTURE ET DUCESSOIS,
55, quai des Grands-Augustins.

www.ingramcontent.com/pod-product-compliance
Ingram Content Group UK Ltd.
Pitfield, Milton Keynes, MK11 3LW, UK
UKHW012103240726
13965UKWH00004B/1511